U0123012
心田
心田文化
良種紙上播
善筆植心田

知命識相系列②（漫畫版）

# 圖解掌相配對速查天書

易天生編著　謝志榮繪圖

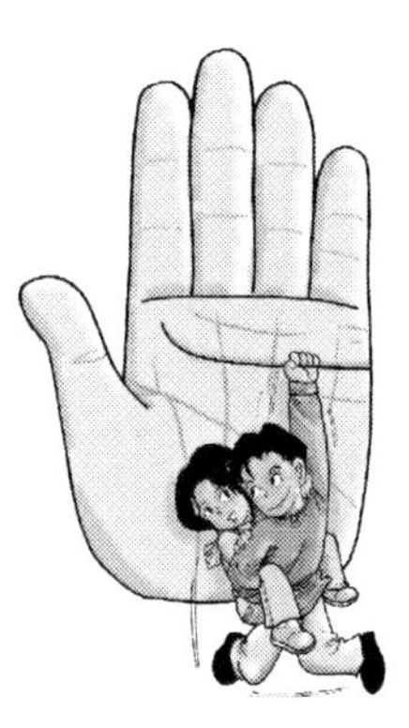

## 前言　第四版（漫畫版）

本書最初的書名是《男女掌相夾緣份》，經過了三次的再版，其中第三次版，屬於較近的版本，是交與一間大機構圓方出版社，重新編輯出版，他們將原書的設計，由頭到尾完全改變過來，用了時尚設計風格，以切合當時的市場，於是整部作品便改頭換面地，變身成另一本書《男女掌相極速配》了。

記得本書在二零零一年推出，頗受讀者歡迎，也有不錯的銷量，也長銷了一段時間，才在市面消失。

好書便不會讓它消聲匿跡，這是心田文化的出版理念，今次再作第四版推出，不是又把本書改裝重推，而是回到初心，把其還原！

這部作品自從第三版推出後，到今天都十多年了，新讀者一直未有見它的原版面貌，今次特別重新推出，首先是要重新設計封面，令它更貼近現代人，其次是加大了書的尺寸，以配合心田文化的整體，出來的感覺，又是煥然一新，但就保留了新讀者們沒見過的風格，就是漫畫式的制作。

本書是用了作者易天生老師的大量心血，不單止在構思上，構圖和文字編排等，都是精心設計，大家都會留意到的是，直到現在，海內外市面上都未有過這種以男和女掌相互配的掌相書，而書中簡淺易明，不離地的生活化，令讀者能夠通過配對，獲得評分和良好意見，讓戀愛中的男女，產生更積極的愛情力量，這是就本書的精神所在，也令其成為一部值得留存下去的好書。

## 自序

常聽人說：「姻緣天注定，半點也不由人。」因此很多人都相信緣份，兩性相遇、相愛和相合，都好像於冥冥之中有主宰似的，既然這是上天的一番悉心安排，那又為何會有那麼多的苦戀與錯愛呢？難道這也是上天安排的一部份？

既然如此，我們何不自己來作一點爭取，一點主動，在上天賜與我們一位異性朋友時，先來比較一下雙方的掌相，看彼此的性格有沒有很大差異，如果有問題出現時，又從何處著手補救或改善，令一段美好的良緣發展得更加順利，如此本書便能夠發揮一種主動而又不聽天由命的積極力量了。

但願各位看過本書後，有情人終成眷屬。

易天生

目錄

# 男女生命線大配對

生龍活虎，但別太過份才好。

## 標準生命線，以中指為界

生命線弧度不闊也不窄，洽好到中指對下處，清晰而無斷，必然身心健康，動靜佳宜。對人雖然不是充滿熱情，但只要是交往久了，便會推心置腹，視對方為知己良朋。

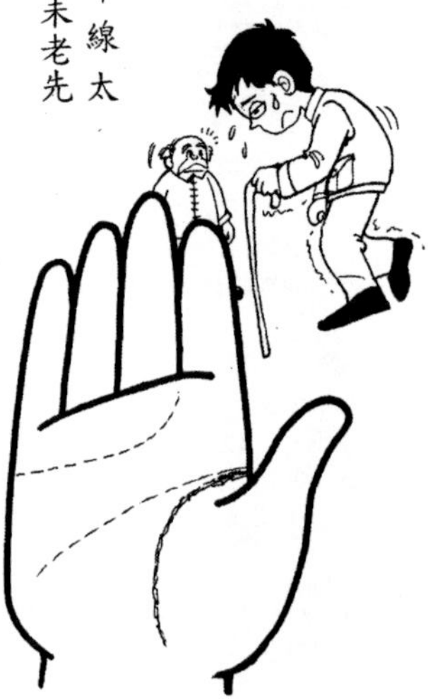

生命線太弱，未老先衰。

## 標準生命線，但線紋很弱

生命線最好是清晰明顯，最忌斷裂和淺弱，如果此線像由很多碎線接駁而成，代表其人做任何事都會有心無力的，身體也不見得好，精力時強時弱，難以控制。生活上容易混亂，造成不協調，並惹來麻煩。

生龍活虎，但別太過份才好。
生命線闊而彎


## 生命線闊，弧度很大

這類人生活圈子很大，交遊廣闊，精力充沛，天生便是個運動健將。對物質和性慾方面的需求相當大，且感情豐富。

太過拘謹，小心自閉。

生命線窄，弧度很小

## 生命線窄而直

這是個十分拘謹的人，且欠缺活力，生活圈子小，又內向怕事，處處小心謹慎，令人覺得怪異，不懂得表達自己感情。他對物質要求低，更給人冷感的印象。

生命線短，容易半途而廢。

## 生命線短，中途消失

生命線生得太短，未必是短命，以往很多人都有所誤解，只是這類人多數精神不夠旺盛，容易疲勞，而且做事每多半途而廢，不夠魄力，必須由後天及早改善性格，加強幹線與魄力，當然更重要是鍛鍊身體和意志。

生命線長，老當益。

生命線向內完全彎入。

## 生命線長，繞至掌底邊

這種生命線長長地環繞著整個拇指球而彎入去，是最上乘的生命線，身強力健，精力充沛，生命力更是無人能及，適應能力尤佳，交朋結友的層面最廣，上至官商富家，下至販夫走卒，都能夠交上朋友，而且愈老愈可愛呢！

## 頭腦與生命線分離點近掌邊

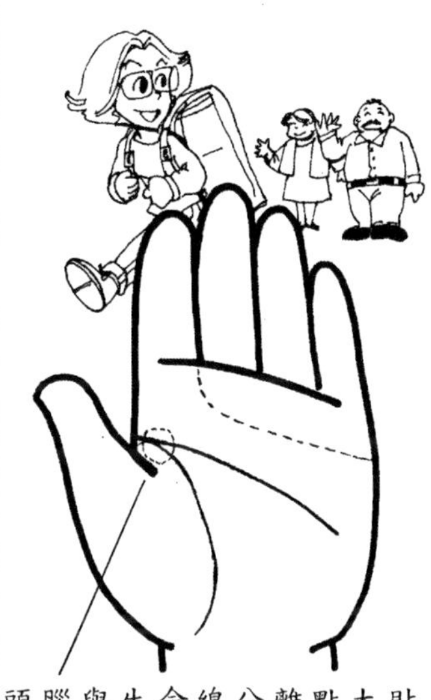

頭腦與生命線分離點太貼近掌邊，果斷。

頭腦線起點多數是與生命線交連，才作分開的，兩線越早分開，代表越早有獨立思考能力，越果斷，信心也越充足。因此，這類人不喜歡靠父母，很早便嘗試獨立生活。

## 頭腦線生命線分離點遠離掌邊

頭腦與生命線分離點太遠，總帶點娘娘腔。

頭腦線與生命線維持了一段頗長的交接才分開的人，性格十分依賴別人，處事太過小心謹慎，猶豫不決，欠缺獨立和自信心。因而多數長大後仍須父母的照顧和操心。

標準型生命線，弧度適中

創造美好之家是我們的共同理想。

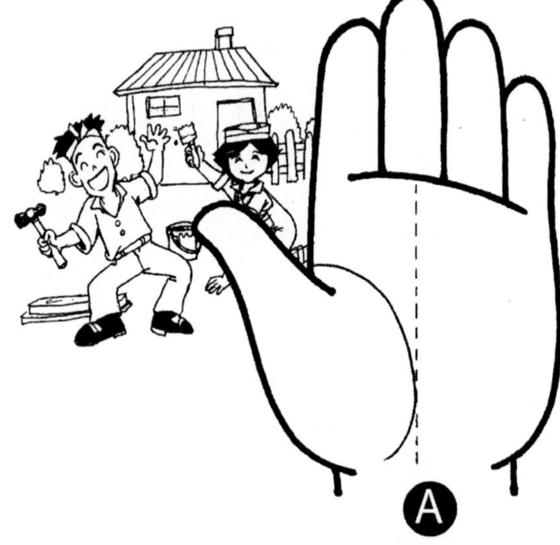


標準型生命線，弧度適中

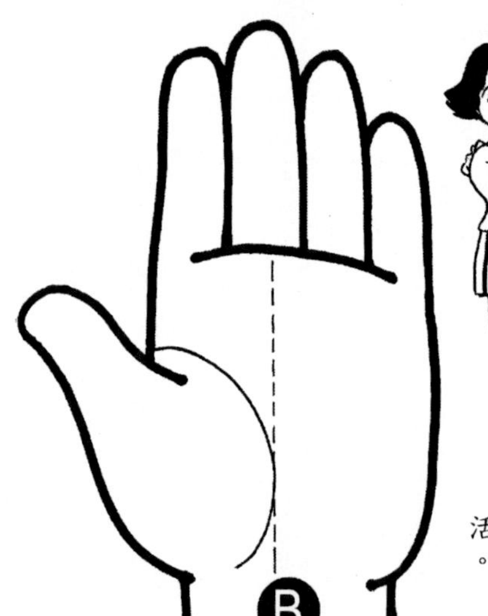


可以享有美好的愛情生活和婚姻生活。

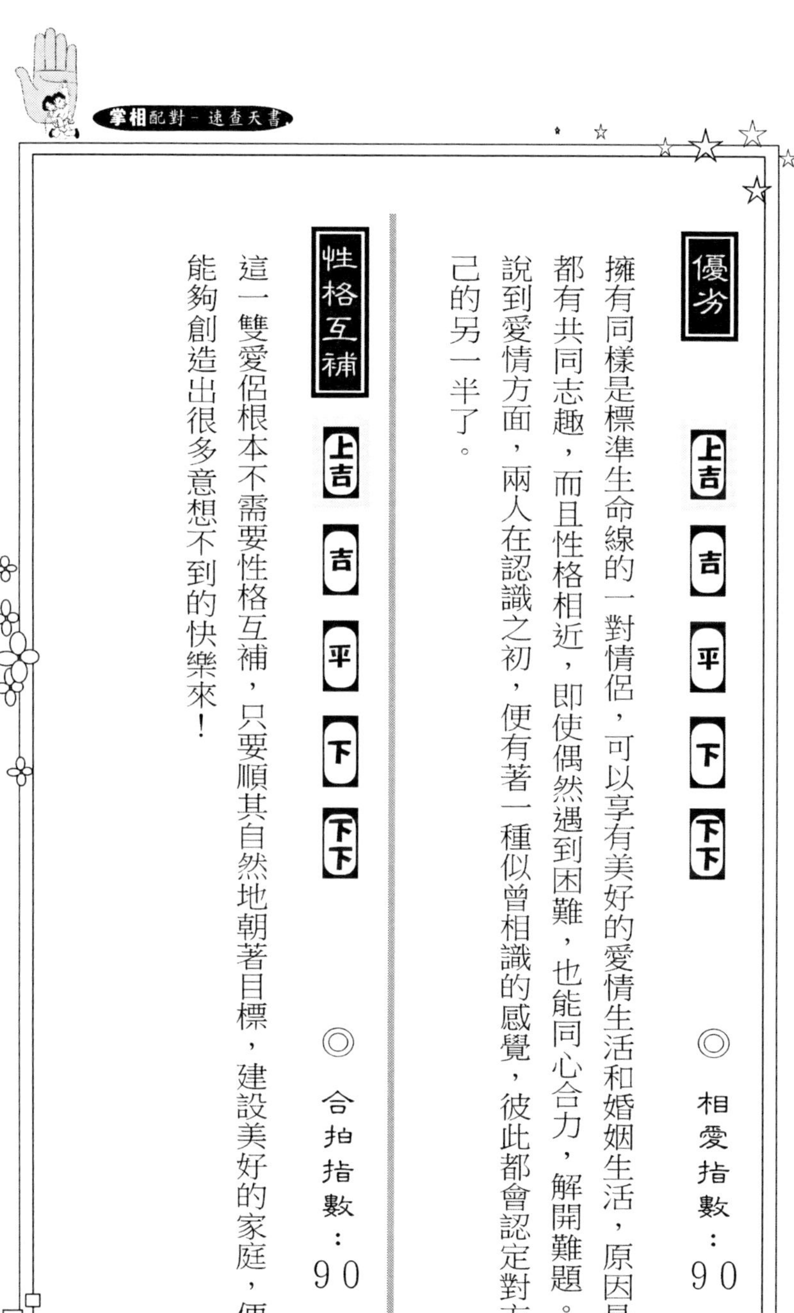

## 優劣

上吉　吉　平　下　下下

◎ 相愛指數：90

擁有同樣是標準生命線的一對情侶，可以享有美好的愛情生活和婚姻生活，原因是雙方都有共同志趣，而且性格相近，即使偶然遇到困難，也能同心合力，解開難題。說到愛情方面，兩人在認識之初，便有著一種似曾相識的感覺，彼此都會認定對方是自己的另一半了。

## 性格互補

上吉　吉　平　下　下下

◎ 合拍指數：90

這一雙愛侶根本不需要性格互補，只要順其自然地朝著目標，建設美好的家庭，便必定能夠創造出很多意想不到的快樂來！

生命線窄，弧度很小

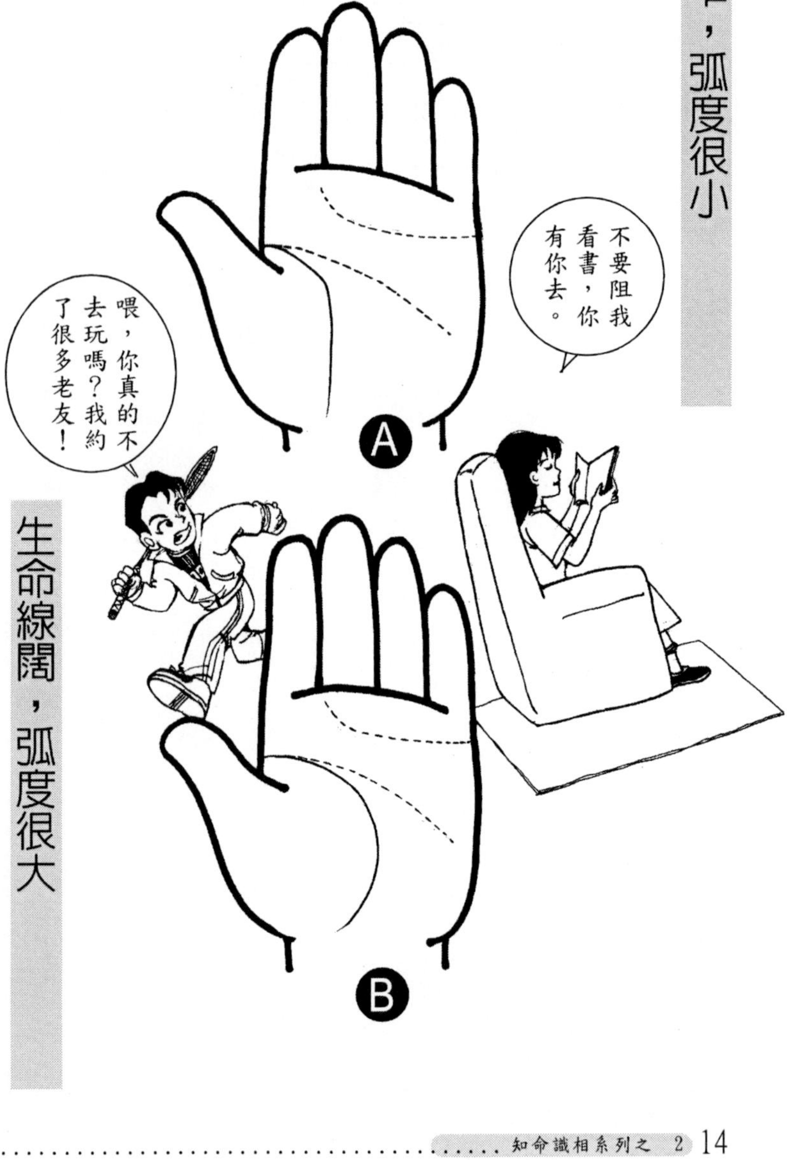

不要阻我看書，你有你去。

喂，你真的不去玩嗎？我約了很多老友！

A

生命線闊，弧度很大

B

## 優劣

上吉　吉　平　下　下下

◎相愛指數：50

由於右面圖中的一對情侶彼此性格各異，而且分歧很大，A方對物慾和性慾均採取不斷追求和擁有的態度，但偏偏B方處處表現得冷淡和消極，而且最大的問題是雙方生活圈子根本不同，一個好動，一個好靜，試問又如何能長久相處呢？因此若彼此互不遷就，各走極端的話，這一段感情很快便會告吹了。

## 性格互補

上吉　吉　平　下　下下

◎合拍指數：65

其實，這兩種性格完全不同的人，又怎會可能走在一起，還結成情侶的呢？原因就是彼此在相識之初，產生一種互相吸引的感覺，正因為彼此氣質之不同，反而產生刺激的感覺來，只要大家保持著最初這種感覺，繼而各讓一步，A方把太過開放的性格收斂一下，而B方亦要打開心窗，彼此的缺點便可填補，一起快樂地相愛了。

## 標準生命線，以中指為界

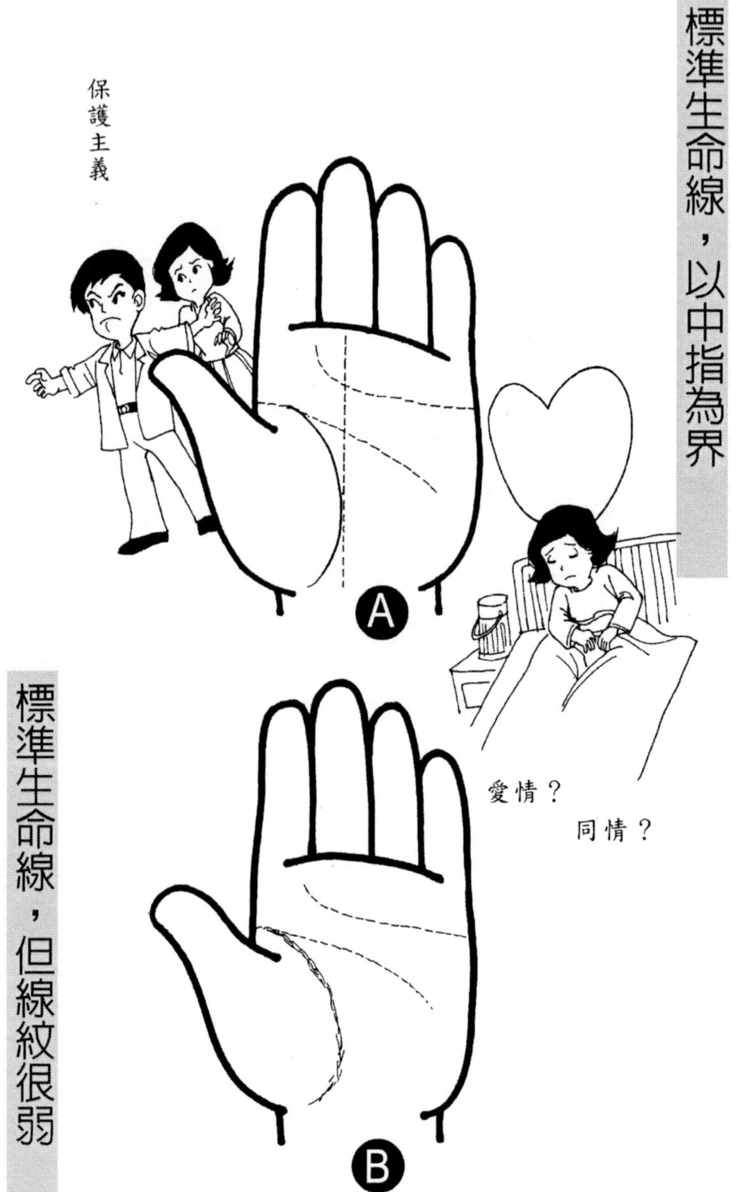


## 標準生命線，但線紋很弱

## 優劣

上吉　吉　平　下　下下

◎ 相愛指數：58

這種生命線的雙結合，反映男女相方存在著一種「保護」式的愛，B方的生命線生得太弱，身體和性格總是偏向於軟弱一面，對逆境顯得非常之沮喪，可幸者A方性格積極和富同情心，處處關懷備至，悉心照顧，但可惜的是彼此愛意不夠濃，顯得淡而無味。

## 性格互補

上吉　吉　平　下　下下

◎ 合拍指數：75

其實上述這種配搭，是可以造就的，只要大家堅守原則，把愛情昇華成一種互相關心的至誠之愛，便可以克服愛情路上的種種困難了；而更重要是B方能否被A方的積極面對人生之態度所感染，把性格缺點改正過來，而A方又能否拋卻心中的疑惑，若做得到這兩點，不失為美滿良緣呢！

# 生命線闊，弧度很大

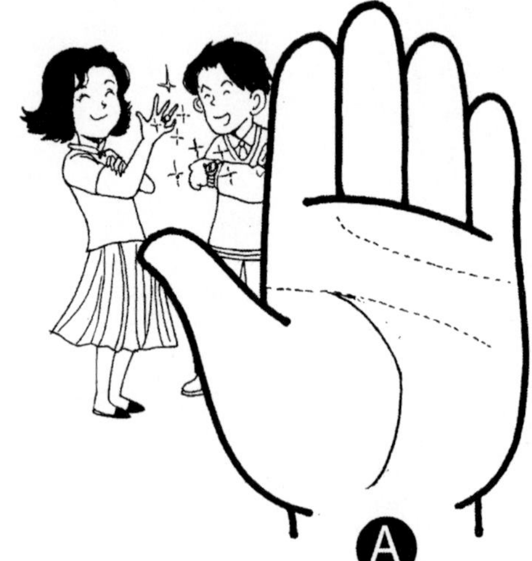
彼此都是經濟能力強的人。

A

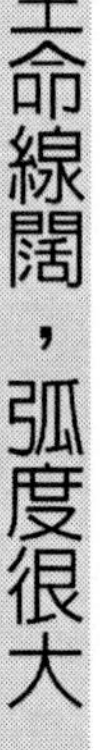
生命線闊，弧度很大

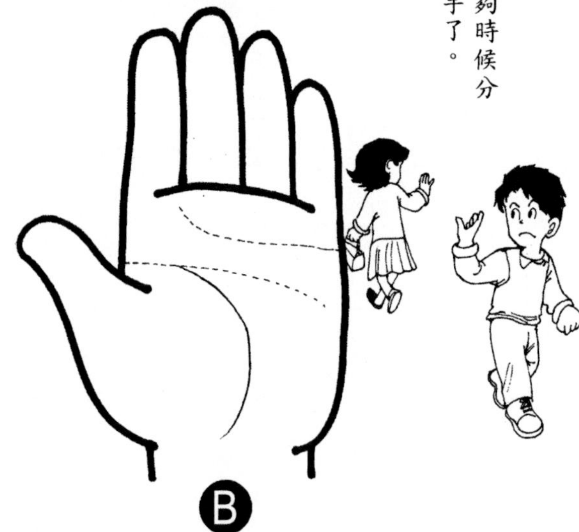
夠時候分手了。

B

## 優劣

上吉 吉 平 下 下下

◎相愛指數：60

雙方的生命線弧度都是很闊的人，表示一拍即合，能夠共同享受那愛情所帶來的至高快樂，而且在「性」方面，彼此都能獲得滿足，但因雙方都是性慾太強，所以當一旦某方面感到不滿足時，很可能便移情別戀了。

此外，因雙方都很有活力和工作能力高，因此都能夠在金錢上取得理想成果，但錢多了雙方各自應酬亦多了，相聚時間自然也減少了。

## 性格互補

上吉 吉 平 下 下下

◎合拍指數：60

這樣的一對愛侶，最大問題是愛情一發不可收拾，熱情如火，但火焰也很快燒光，到時雙方都不會太珍惜這段感情，因為新的愛情可能已經出現了，亦只有朝著新目標去發展才會快樂，因此若要維持長久的愛情，便需要對一開始時的發展保持自制力，不要把愛火一燒而盡，便能慢慢享受恆久真愛了。

生命線短，中途消失

講到愛情他最熱烈。

A

老頭還如此好精力。

生命線長，繞至掌底邊

B

## 優劣

上吉　吉　平　下　下下

◎相愛指數：55

如此配搭的一對情侶，問題同樣是出自雙方性格的不相符，生命線短的人，愛情表現每多半途而廢，原因是他對愛情起初是熱烈的，但很快便會冷卻下來，令人難以捉摸。相反生命線長長繞過了拇指球的人，不但對人熱誠，而且是貫徹始終的。

## 性格互補

上吉　吉　平　下　下下

◎合拍指數：70

這一對戀人在生命線短的一方（A方），會體弱多病，不過遇上了身體強壯無比的另一半（B方），無形中多了運動機會，因為生命線長的人最愛的就是運動了，應該努力向A方學習各方面的運動。

此外，A方也應多學習B方那種積極而貫徹始終的精神，自然雙方的愛情可以慢慢地步入佳境了。

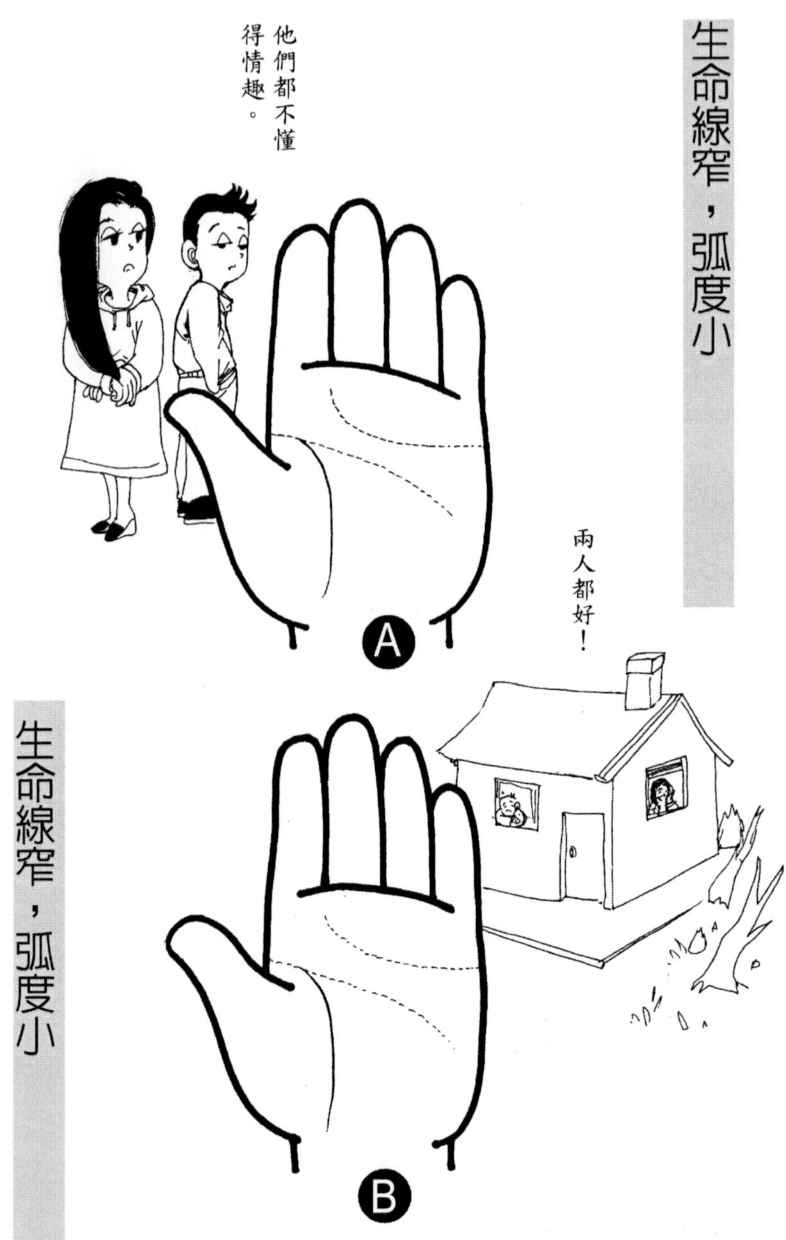
生命線窄，弧度小
他們都不懂得情趣。
A
兩人都好！
生命線窄，弧度小
B

## 優劣

上吉 吉 平 下 下下

◎相愛指數：70

生命線弧度不彎而垂直的人，最不懂情趣，談情說愛的本事最弱，就算有了異性朋友，但表現依然是既冰且冷，活像木頭那樣，因此很難找到真愛。但對方的手同樣是這種手相的話，情況便有所不同，他們會產生出「柏拉圖式」的精神戀愛來；彼此雖然沒有「性」方面的很大樂趣，但卻能互敬互愛，一切盡在不言中。

## 性格互補

上吉 吉 平 下 下下

◎合拍指數：65

因為雙方都有著冷靜而沉著的過性，因此談起戀愛來必然是最「沉默」的一對，甚至近乎「沉悶」呢。因此需要嘗試多方面去找尋一些共同興趣來，以免將來的感情漸漸疆化。此外，大家都是腳踏實地、默默耕耘的人，很可能在經濟上出現困難，但只要彼此不埋怨對方，努力齊心，必有財運到來的一天。

## 生命線窄，弧度小

消極欠活力的一對。

Ⓐ

## 生命線短，未及掌底

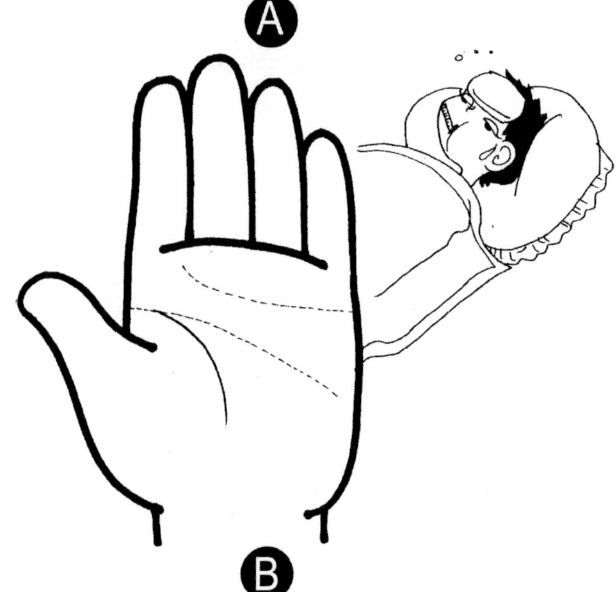

Ⓑ

## 優劣

上吉　吉　平　下　下下

◎相愛指數：50

生命線生得太窄和生得太短都是掌相中之忌，表示欠缺生命力，人生路上走得不夠積極，A方對愛情表現冷淡，而B方則對愛情沒有多大期望，這種結合帶來悲戀及苦戀的可能性極高。

此外兩人同樣是體弱多病的人，但當某一方生病時，氣氛只怕會更加沉重。

## 性格互補

上吉　吉　平　下　下下

◎合拍指數：60

這對情侶相處最欠缺的是「生氣」，因此雙方都要主動找尋豐富節目，千萬不要讓愛火漸漸熄滅。而最佳的維持雙方感情的方法，便是一起運動，鍛鍊好身體，當精神飽滿時，自然地會積極樂觀起來了。

## 頭腦線與生命線分離點近掌邊

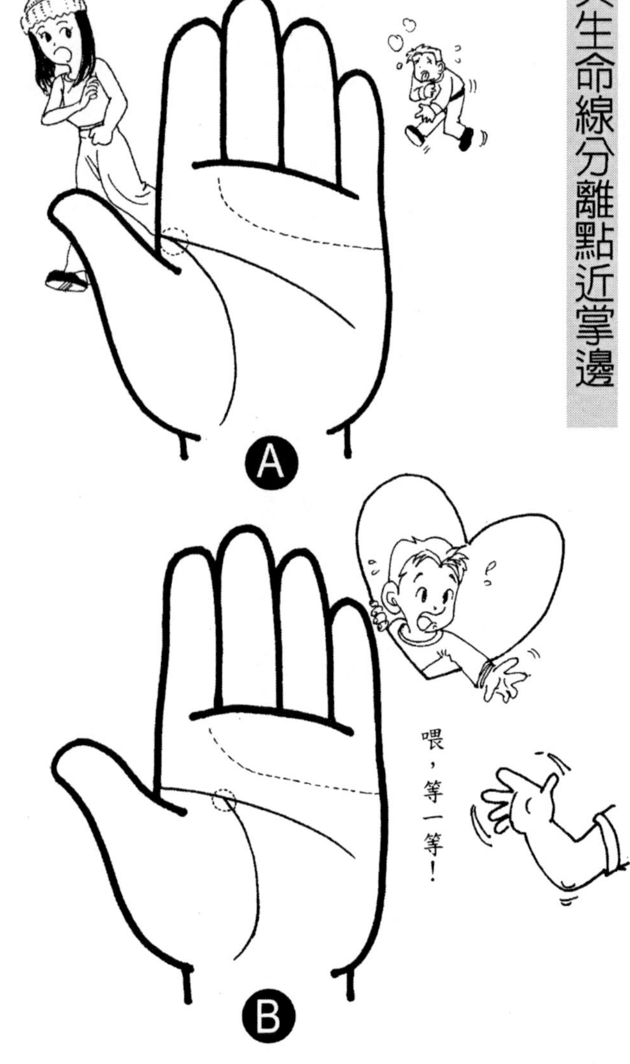


## 頭腦線與生命線連接分離點遠

**優劣**

上吉　吉　平　下　下下

◎相愛指數：55

這對情侶的配合，可以說是極差的，一個是凡事快半拍的A方，一個卻是慢了半拍B方，彼此時常也會因此而產生磨擦。雖然過後冷靜下來便會沒事，但長此下去，總會有一方出現離異之心。

A方對於愛情比較直接及單純，相反地B方卻多疑善忌，感情方面非常複雜，兩人走在一起必定會情海翻波。

**性格互補**

上吉　吉　平　下　下下

◎合拍指數：70

其實這一對情侶如能坦誠相對，互相忍讓，是絕對可以扭轉現實的。B方處事經常舉棋不定而誤了時機，而A方卻是個果敢和決斷力強的人，把自己的良好經驗帶給B方，在潛移默化底下，B方自然多少也把性格的缺點修補過來。雙方的愛情也因此而堅固起來了。

## 生命線與頭腦線連接而分離點遠

## 生命線與頭腦線連接而分離點遠

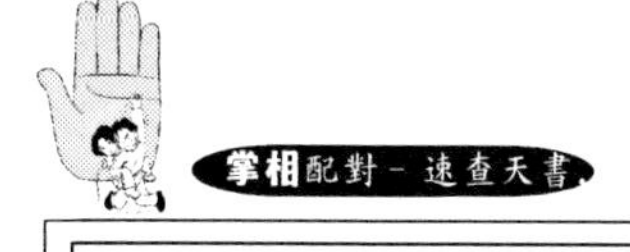


## 優劣

上吉 吉 平 下 下下

◎相愛指數：65

這個配搭最為奇妙，雙方都是慢條斯理的人，愛情路上亦會拖得很長很長，當他們完成了愛情長跑之時，可能彼此都已經人到中年了。

這對情侶有一個優點，就是很少有爭執，彼此性格相若，甚麼事情也能諒解。

## 性格互補

上吉 吉 平 下 下下

◎合拍指數：50

只因雙方性格都很優柔寡斷，因此在生活上容易出現困局，又因為大家都不會去激勵對方，往往形成雙方愈來愈懶散的消極現象。因此必須認真考慮婚後的經濟條件才好結婚和產子啊。

# 總結

前文已把生命線的意義和男女雙方生命線互相配合的喜忌都說過了，但有一點需要留意的，就是「金星丘」這個部位了，金星丘又名維納斯愛神之丘，必須豐滿隆起和有彈性，如此便能加強生命線的優點，令缺點減至最低，因此，就算雙方的生命線生得略差，或者是配合得不好，只要「金星丘」生得好，依然可以享受美好的愛情生活。

相反地金星丘生得扁平無肉，生命線的質素便遭到破壞了。這類人欠缺同情心，也愛得很自私，因此愛情路上每多障礙，不過還要留意，有些人金星丘雖然脹起，但卻像洩了氣的皮球，按在上面全沒有彈性，這是一種因縱慾而產生的性衰退現象，只會有不良之影響，大家要分清楚8。

# 男女頭腦線大配對

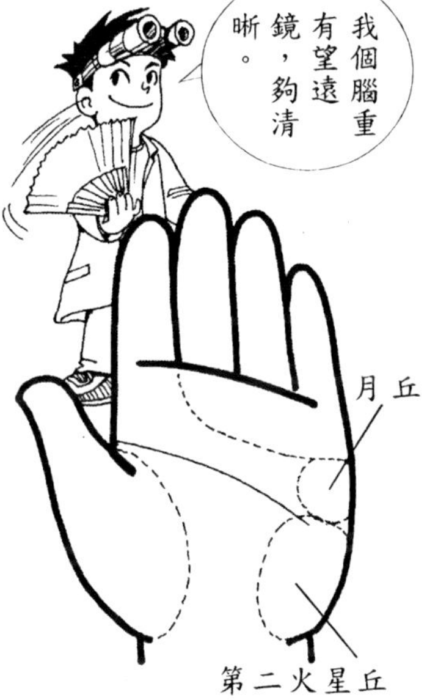

## 標準頭腦線，微微伸展

我個腦重
有望遠
鏡，夠清
晰。
月丘
第二火星丘

頭腦線的尾端落在「月丘」之上，「第二火星丘」下，為標準位置，如線紋清晰明顯，必定個思想位置，如線紋清晰明顯，必定是個思想開明，有聰明才智之人，頭腦經常保持清晰，應變能力尤高。處事不偏激，量力而為，很少會急進冒險，一生安穩。

## 未及標準頭腦線

等一等
啊！
太快
了！

頭腦線不宜太短，不及無名指者是為之短，主思想靈敏，行動迅速，可惜凡事未及思考便憑感覺去做，因而常冒失闖禍，招致挫敗。

此外他是個爽直坦率的人，不會記「隔夜仇」，故有不少好朋友。

## 頭腦線打橫直伸

這類人很積極，但一切都講求實際，乃現實主義者，凡事不存幻想，但卻精於計劃，策劃未來大計更是他的所長，由於他過於理性，往往會給人不近人情的感覺。生意人多有此掌相。這類人的最大優點是自信心強，觀察力高，缺點是欠缺溫柔的一面和有點自大。



## 頭腦線向下彎垂

頭腦線向下垂的人喜歡幻想，喜歡懷舊，多愁善感，因此最適合當一個藝術家，絕對不適合在商界發展，容易因胡思亂想而導致損失。這類人一切都講求氣氛，追求浪漫，更是個完美主義者，可惜現實每多令其失望者居多，但為了夢想，他卻可不惜一切。

小心三十至四十歲。

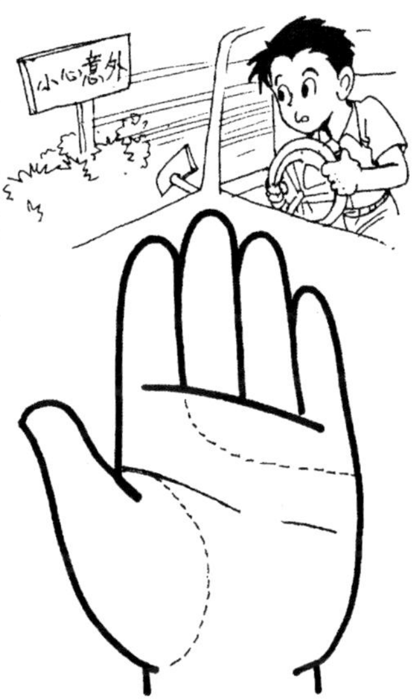

## 頭腦線中途斷裂

有中途忽然斷裂的頭腦線，是個冒失的人，最大缺點是衝動易怒，記憶力不好，性情變幻無常，運程起落不定。身體進入中年後便會有衰退的蹟象，須經過一翻努力及一段時間才能復原。此外，有這種紋的人特別要小心三十至四十歲間，不要作危險玩意。

身不由己受命運支配。

## 頭腦線急垂至掌基處

這是最消極主義的頭腦線，只追求理想，完全忽略實際環境，性格又十分被動，極易受人擺佈而失去了自我，因而受挫折多，漸漸形成消極不進取的性格。有很多相書指出這種線紋的人會走上自殺之路，而事實上有很多在影視界的明星，都是身不由己受命運支配的。

## 頭腦線尾端起勾

頭腦線起勾的人，是個金錢掛帥的機會主義者，貪心又善於巧取豪奪，是個自私自利的人。這類人是十分之聰明狡猾的，捉人心理的本事很高，總之為了金錢，甚麼朋友也不再重要。

## 頭腦線分叉

頭腦線分成兩叉，一橫伸一向下，主其人兼有理想和實際的兩種能力，但內心經常矛盾交戰，有時是理想戰勝，有時則現實戰勝，因此運程的起伏頗大。

這類人都會有理財能力兼藝術天份，而且會把兩者結合成為一種生意或創作。

## 頭腦線尾部多分支

這類人最多心，本領多多，但卻週身刀，無張利，他興趣多，而且雜，雖然被視為多才多藝，但沒有一樣是斤兩十足的。說話喜歡誇大其詞，滿腦子都是計劃，但卻分身不下，結果每樣都做得一半，埋不到尾。

島紋也是種病態。

## 頭腦線有島紋

這表示精力衰退和記憶力大減的象徵，這島紋的出現，強烈地削弱線紋本身的優點和力量。島紋生在食指對下，表示童年學習能力差，不能專心。中指下會有嚴重頭痛，少年便記憶力減退。無名指下有島紋，是中年後神經衰弱症的表徵，尾指下晚年患有惡疾。

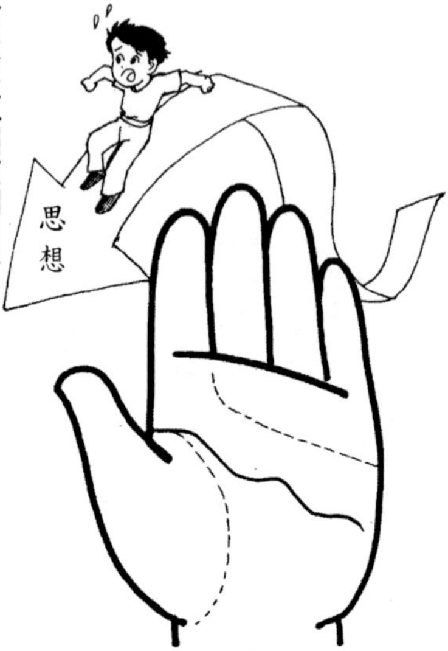

## 波浪形頭腦線



這種人的思想起伏不定，一時高漲到極點，一時便跌至谷底，腦筋甚靈活，有小聰明，但為人太過滑頭，聰明反被聰明誤，一生也波折重重，曲折離奇，很少有靜下來的時候。

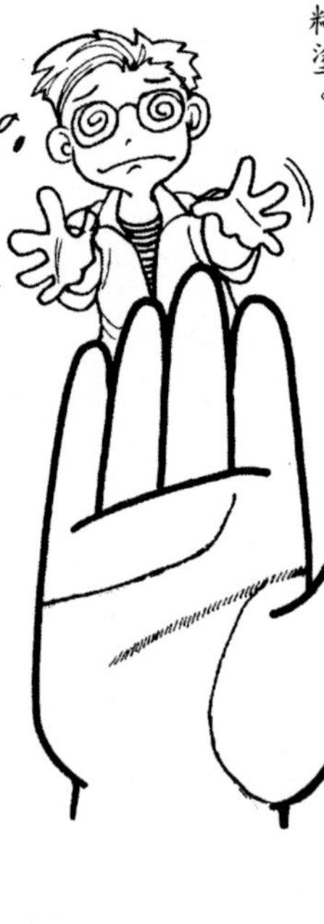

## 粗淺、模糊頭腦線



頭腦線生得粗淺模糊欠清晰，他做事永遠是馬馬虎虎，不求甚解的，意志力又薄弱，記性不好，懶洋洋地過活。對任何事物都欠缺感覺，生活更是枯燥無味。

## 川字掌，頭腦線與生命線分開

擁有川字掌的人直覺能力很高，但有些神經過敏，做事爽快，但恆心卻不夠，因此每多半途而廢。心頭高，以至過份自信，令人覺得他太狂妄。

在一班人中，他無疑是較特出的，他的聰敏個性，更令他擁有無比的魅力。

斷掌的人是個怒漢。

## 斷掌，頭腦線與感情線合一

此掌即頭腦與感情線二合為一，橫貫掌中，這是一個意志力超強者，做任何事都要徹底地完成它，絕不輕言放棄，但作風卻太過強橫霸道，給上司的感覺是個「搞屎棍」。由於他對不公平的抗爭到底，最終必得到成功。

## 標準頭腦線，長而微向下伸展

## 未及標準，短頭腦線

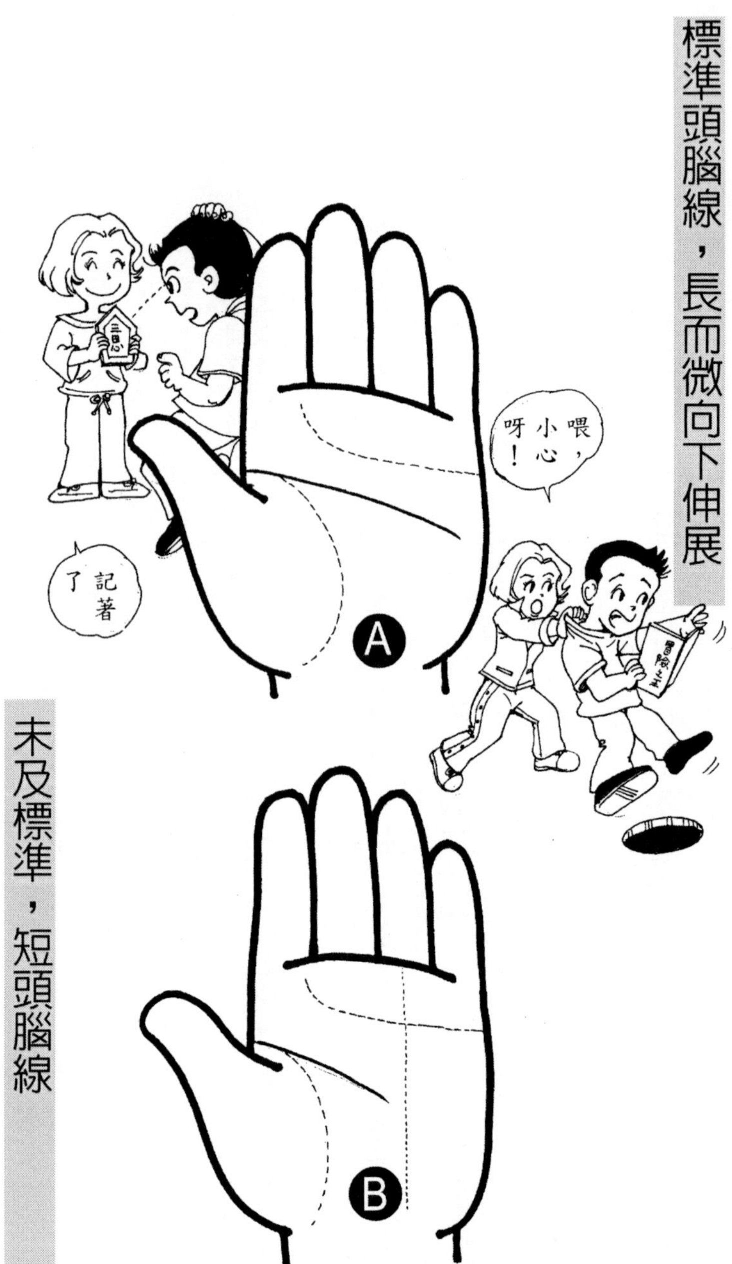

## 優劣

上吉　吉　平　下　下下

◎相愛指數：68

合乎標準的頭腦線A和短頭腦線B的分別，在於短頭腦線的人，很不懂得自制，有點任性衝動，每每令到身邊的另一半麻煩多多，為了他操心，因此非要配一個性開朗，思想經常保持清晰的人不可，而頭腦線端合乎標準，才有上述之優點，因此往往能保持著雙方的感情，不至受頭腦線短的伴侶所影響。

## 性格互補

上吉 ⇧ 吉 ⇧ 平　下　下下

◎合拍指數：90

這對情侶的最佳配合之處，是A方處處維護著B方，而且是真心真意，是毫無代價的負出，真誠打動了B方，引至他的性格有所改善，不用衝動冒失，可能頭腦線到時也會漸漸在不知不覺間增長起來呢！

## 頭腦線打橫直伸

筆直橫伸的頭腦線表示這人重實際。

## 頭腦線向下彎垂

## 優劣

上吉 吉 平 下 下下

◎ 相愛指數：65

筆直橫伸的頭腦線A，表示這人一切都重實際、重效益，愛情亦不會例外，似乎這種人會討異性的厭啊，但事實卻不是，反而有很多對未來有著美麗憧憬的人會喜歡他，喜歡他的硬朗性格。由於甚有個性，往往吸引住頭腦線下垂形B方的異性，因為他們最富幻想力，會把對方幻想成天使一樣。

## 性格互補

上吉 吉 平 下 下下

◎ 合拍指數：75

事實上A和B方的結合，所產生出來的情況會很極端的，何解？因為A方很有生活能力，相對地，有下垂頭腦線的B方經常抱著幻想，敏感而愛浪漫，很快A方便會露出了他的缺點來，當B方抱怨他太現實甚至太自私時，彼此的感情便會亮起紅燈了，不過相方只要捱過這一關，並以真誠相待，在婚後，A方可以工作為本位，而B方則用纖細的愛情牽引對方的心，使家庭圓滿。

## 頭腦線中途斷裂

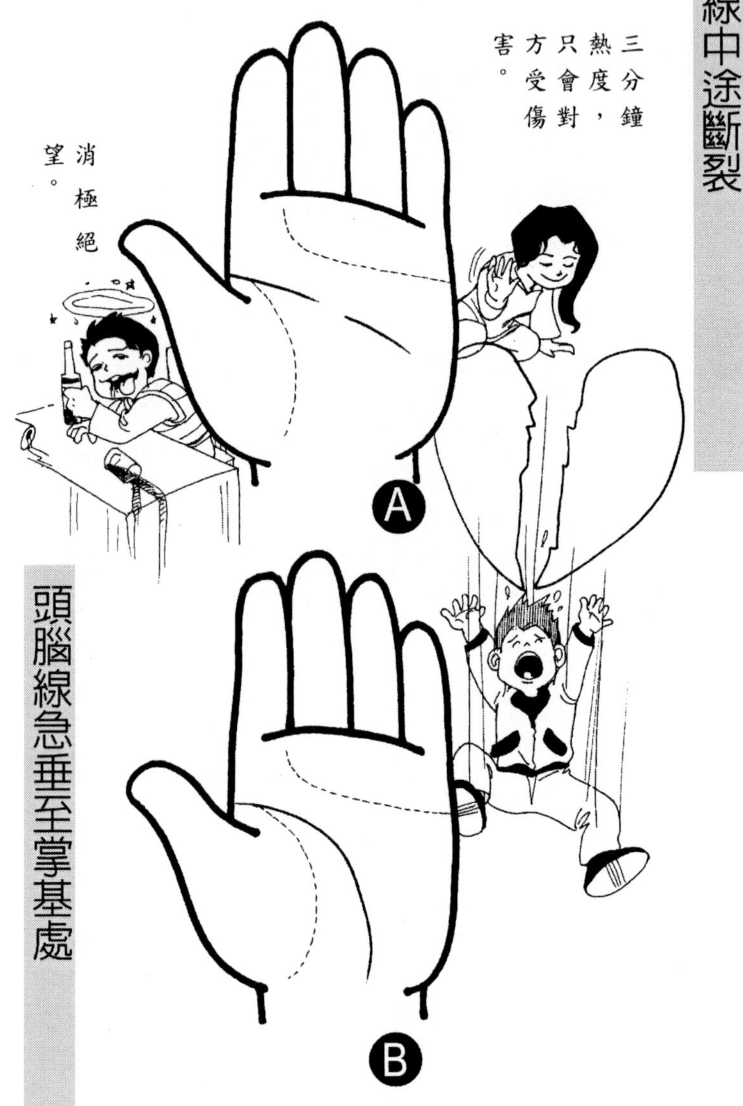

三分鐘熱度，只會對方受傷害。
消極絕望。
A
B


## 頭腦線急垂至掌基處

## 優劣

上吉 吉 平 下 下下

◎相愛指數：70

這種掌相的配合，並不吉利，但論到彼此的愛情卻來得激烈，感情線斷裂的A方，對愛情採取大膽主動，而頭腦線下垂的B方，卻十分被動，每事也像聽天由命似的，尤其是愛情，更是不甚理智，一遇上像A方那樣的異性，立刻便會整個心被俘虜住了。

## 性格互補

上吉 吉 平 ⇩ 下 ⇩ 下下

◎合拍指數：50

論到這樣的一對情侶，絕對不能說是合拍，而且很快便會「散」，原因是A方性格是三分鐘熱度，一愛便可以愛到盡，但一旦對方失去了吸引他的魅力時，這段愛情便要中止了，而且最大問題是B方對生命欠缺積極的原動力，不幸的愛情易令他走上消極絕望之途，如此又豈能把A方的感情挽回呢？

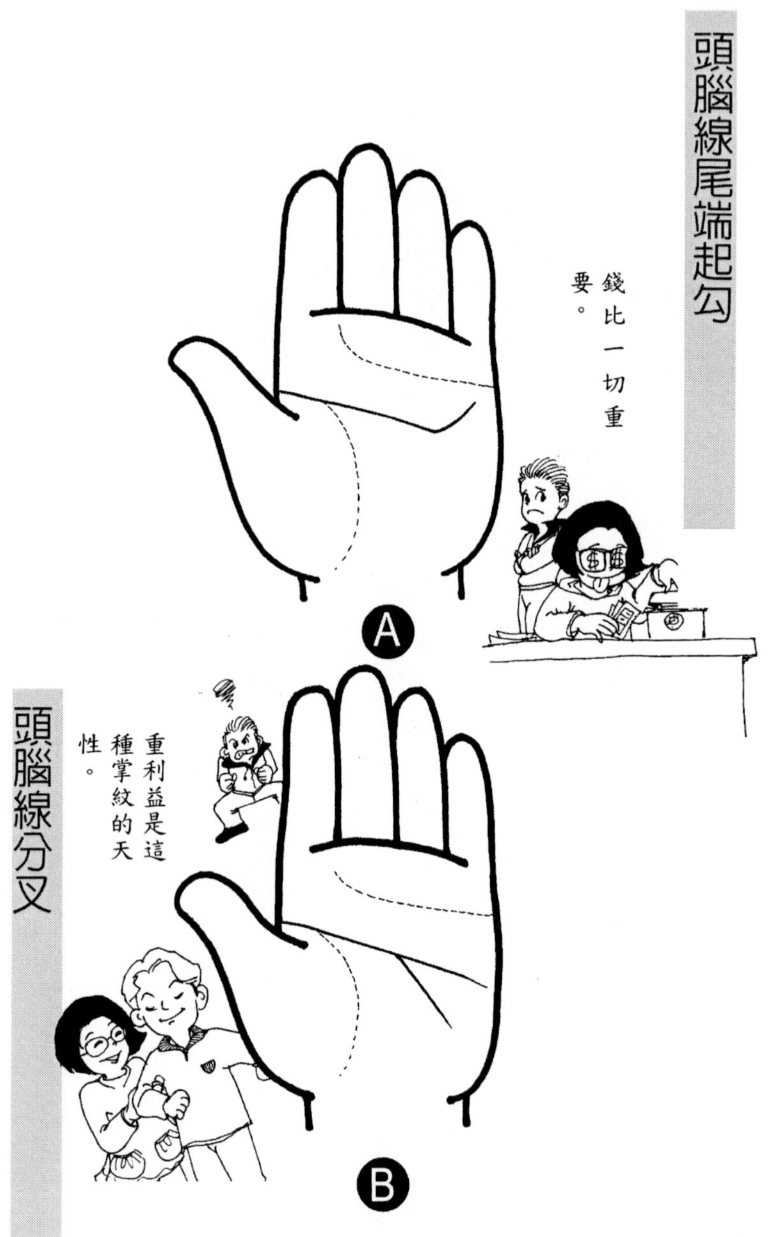


## 頭腦線尾端起勾

錢比一切重要。

## 頭腦線分叉

重利益是這種掌紋的天性。

## 優劣

上吉　吉　平　下　下下

◎ 相愛指數：50

這樣的一對愛侶，會出現各懷鬼胎，爾虞我詐的局面，因為A方的起勾頭腦線，代表著拜金主義，講到愛情，每多是他的附屬品而已，而B方的分叉頭腦線，又代表著感情與理性的不平衡，於是乎這兩種掌紋的出現，而又是一雙愛侶，很有可能是因為利害關係才走在一起，當失去利益關係時，愛情便再沒意義了。

## 性格互補

上吉　吉　平　⇧　下　下下

◎ 合拍指數：60

其實這兩種有獨特性格的人，也能夠相處得不錯的，最重要是彼此間凡事有商有量，多發掘一些共同的目標（包括賺錢），最好就是兩人合作共事，定必有超乎一般人的成就，往往在商場上可以找到生有A、B這兩種掌相的模範夫婦，而且是很合拍的夫妻擋呢。

## 斷掌，頭腦線與感情線合一

## 頭腦線急垂至掌基處

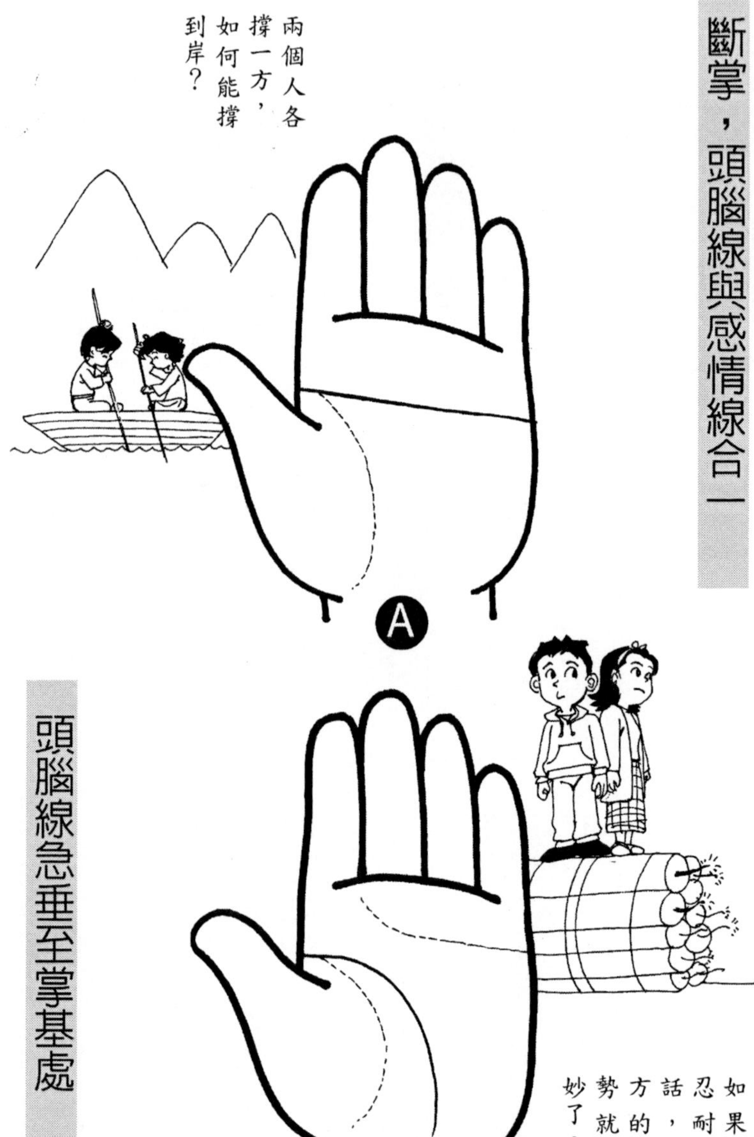

優劣

上吉 吉 平 下 下下

◎ 相愛指數：58

這兩種掌相的配對，絕對是完全極端的組合，性格何止相反，簡直各走極端，一個永不信命，一個則消極認命，一個永不言悔，另一個則事事懊悔，這種情侶之能夠結合在一起的原因，大多數是一方是強者，另一方是弱者，形成一種強者保護弱者的愛，但當這種愛再發展下去時，彼此都會覺得很不合拍和後悔，如果發展得更差時，A方會行為粗暴，B方會要生要死，以致家無寧日了。

性格互補

上吉 吉 平 下 下下

◎ 合拍指數：75

這一對配偶，首先是要學會一個字——「忍」字，雙方都需要做到忍耐和愛護對方，A方斷掌，性格容易衝動，不懂得憐香惜玉，故而首要改好自己的脾氣品性，放多些愛心在彼此之間。B方則性格多疑，且甚多嚕唆，應多作改善，對人對己要有信心，凡事要放開懷抱。如此這一對配偶是可以長久地相親相愛的，但必須切記一個字才好——「忍」字。

## 波浪形頭腦線



## 粗淺模糊頭腦線

## 優劣

上吉　吉　平　下　下下

◎ 相愛指數：50

這一對愛侶的配合，顯示出很不穩定和很迷糊的狀況，A方是個性格飄忽的人，對愛情跟本抱著玩票性質，而B方則做人得過且過，有點糊塗，愛情觀念亦不太重視，兩者有緣走在一起，全是誤打誤撞而已，若問他們到底喜歡對方什麼，答案一定是雙方也無法答得出來呢！

## 性格互補

上吉　吉　平　下　下下

◎ 合拍指數：50

基本上這兩種掌紋和性格的人，是無法從性格上得到互補效果來的，因為彼此也不懂得什麼是愛情，也不甚清楚自己在幹什麼，只能聽天由命了，除非他們轉性，否則他們的愛情是經不起時間考驗的。不過唯一可取之處是，若真的有分手一天時，雙方亦沒有什麼痛苦的感覺。

## 頭腦線尾部多分支

## 頭腦線有島紋

## 優劣

上吉　吉　平　下　下下

◎相愛指數：55

AB雙方的掌紋顯出示·彼此都是在思想上和行為上有缺憾的人，因此容易產生一種不合理或者不正常的愛情生活來，是一點也不足為奇的。A方是個非常之多心而且用情不專的人，每樣事情都是只得三分鐘熱度，而B方則對愛情太過執著，甚至將感情視作他的一切，試問這種配合又那會有結果呢？

## 性格互補

上吉　吉　平　下　下下

◎合拍指數：45

由於B方對愛情和對愛侶的過份執著，容易產生令A方反感的情緒來，因而更加速A方移情別戀，如果B方可以做到愛情灑脫一些，看開一些的話，事情是不會發展至太壞的地步，但他的掌紋中的「島紋」正正刻劃出，他是難於改變自己這種性格，因而形成苦戀、悲戀者居多，那又怎能挽回多心且風流的A方呢？

## 川字掌，頭腦線與生命線分開

他有自信，但太自視過高了。

A

任你怎樣，也超不過我的。

## 斷掌，頭腦線與感情線合一

B

## 優劣

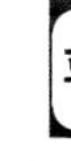
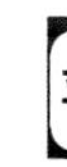

上吉　吉　平　下　下下

◎ 相愛指數：50

相信這兩種配合的愛侶，是最最戲劇性的了，一個刁蠻任性，一個則持才傲物，電影中就經常可看見如此的一對鬥氣冤家了。A方是個孤芳自賞的人，可謂眼角比天高，多少對他千依百順的異性，連眼尾也不瞧他一瞧，反而碰上剛強自信，近乎驕傲的B方，對他毫不體貼和遷就，他卻反而鍾情於B方，可謂一對歡喜冤家了。

## 性格互補

上吉　吉　平　下　下下

◎ 合拍指數：70

這對戀人的相處方式十分之與別不同，因為他們每天都是吵吵鬧鬧的，不是你鬥贏他，就是他壓倒你，人們看在眼裏不禁替他們擔心，可是殊不知原來這只是他們彼此間的一種生活情趣而已，不吵鬧反而覺得苦悶呢！原因是兩人都是好強好勝的人，只有通過這種相處之道，才能刺激起他們互相傾慕的愛火花來。

波浪形頭腦線
氣死我了。
我身手一流，你打到我嗎？
A
川字掌，頭腦線與生命線分開
B

優劣

上吉 吉 平 下 下下

◎相愛指數：60

真可以說，這是一對天生聰明的鬼馬情侶，他們相識之初，已經開始在鬥法，A方性格鬼鬼馬馬，對愛情不甚專注，而B方則對愛情甚為專注與投入，而且處處想盡辦法去把A方綁住，令這隻孫悟空飛不出他的五指山。因此，這一對愛侶的愛情，是建基於不信任的情況下的。

性格互補

上吉 吉 平 下 下下

◎合拍指數：70

其實A方如果能夠收心養性，把一棵不定的心投向事業，而B方亦能堅守原則，保持對A的管束，這不失為一對合拍的情侶或夫妻，雖然大家都會鬥智鬥力地生活，並以此作為他們的愛情長跑之路，但當中樂趣，又只有他們二人才能心領神會，旁人是無從得知的。

## 頭腦線分叉

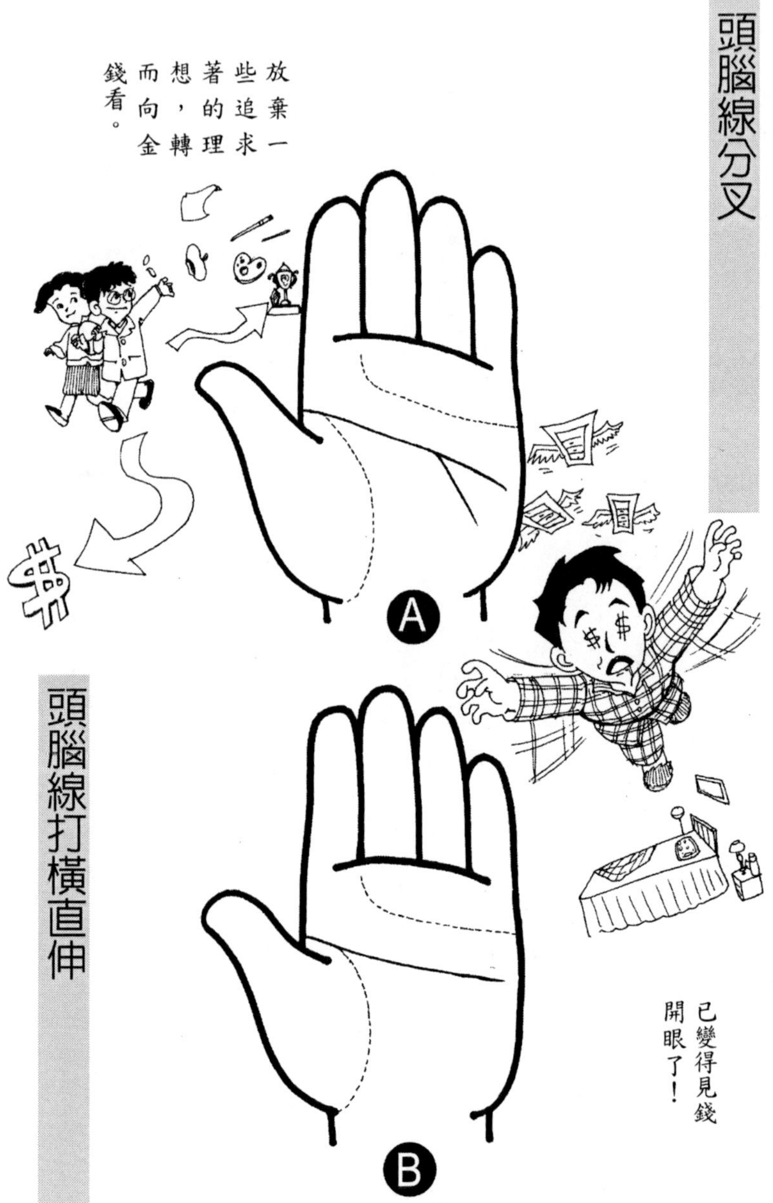

放棄一些追求著的理想，而轉向金錢看。
已變得見錢開眼了！
A
B


## 頭腦線打橫直伸

## 優劣

上吉　吉　平　下　下下

◎相愛指數：50

A方明顯地近於雙重性格，有理想亦同時顧及實際，故而常會自相矛盾，進退失據。因而煩惱，但加上另一半的B君，便會使得A方有所改變了，他們向著現實一方走，更可能放棄一些追求著的理想，轉而向金錢看，兩人合力賺錢，雙得益彰，可惜的是愛情來得淺薄，無甚新趣。

## 性格互補

上吉　吉　平　下　下下

◎合拍指數：60

在彼此經過長時間的相處下，這一對愛侶可能會漸漸地失去了愛情的甜蜜，生活在一起，卻感受不到一絲喜悅來，這時便要及早作出補救了，A方必須重新投向自己那已忘懷的理想，好好利用本身豐厚的資金來開創未來。而B君則最好在賺錢之外，也能好好配合A方，極力在精神及實質去支持對方，如此必能維繫兩者間的感情。

## 頭腦線中途斷裂

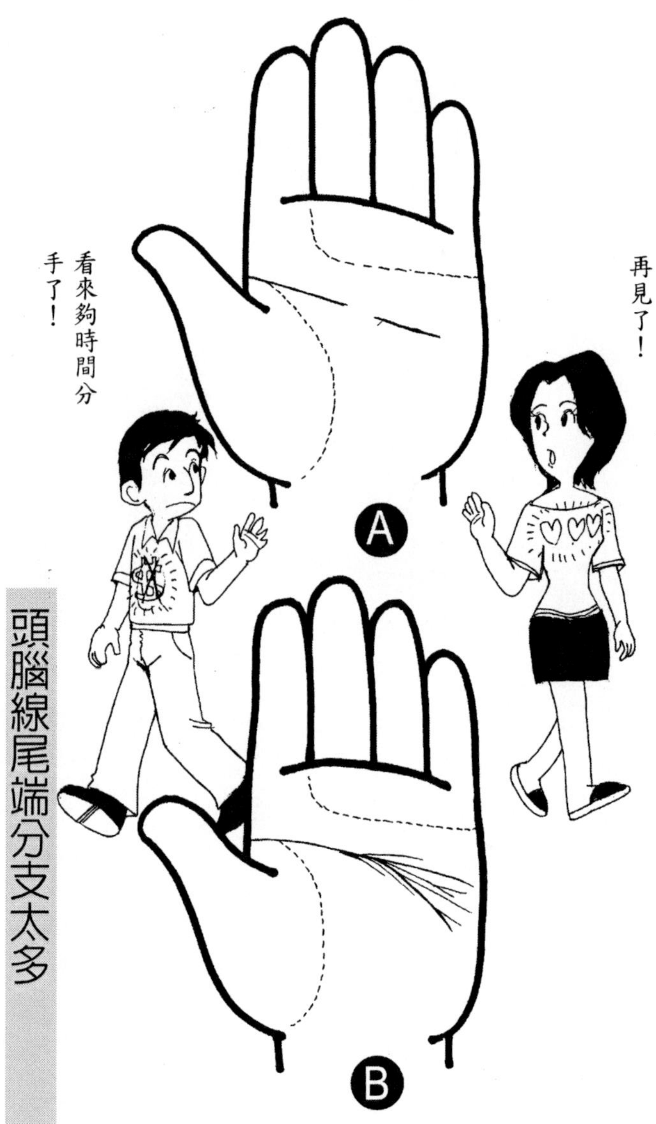


## 頭腦線尾端分支太多

## 優劣

上吉 吉 平 下 下下

◎ 相愛指數：50

這雙情侶的相遇和相愛，是來得很突然的，甚至是閃電式的，A方對愛情很狂熱，愛得深時恨也深。B君則欠缺恆心，對愛情可以說是來者不拒，如此的話，這段感情不難想像會很快告終的，大家同時享受過一段美麗的回憶後，很快便又會另尋目標，可謂各有所得。

## 性格互補

上吉 吉 平 下 下下

◎ 合拍指數：50

這樣的一對情侶到底可以長相廝守在一起嗎？可以說是較困難的，他們都有各自性格上的缺點，又不容易改變，雖然眼前剛失去了愛情，很快又會補上，之後又很快的分開，又再更換愛侶……總之，這類掌紋的人，如不小心地按掌紋和性格去認認真真找對象，是無法找到終生伴侶的。

頭腦線尾部多分支

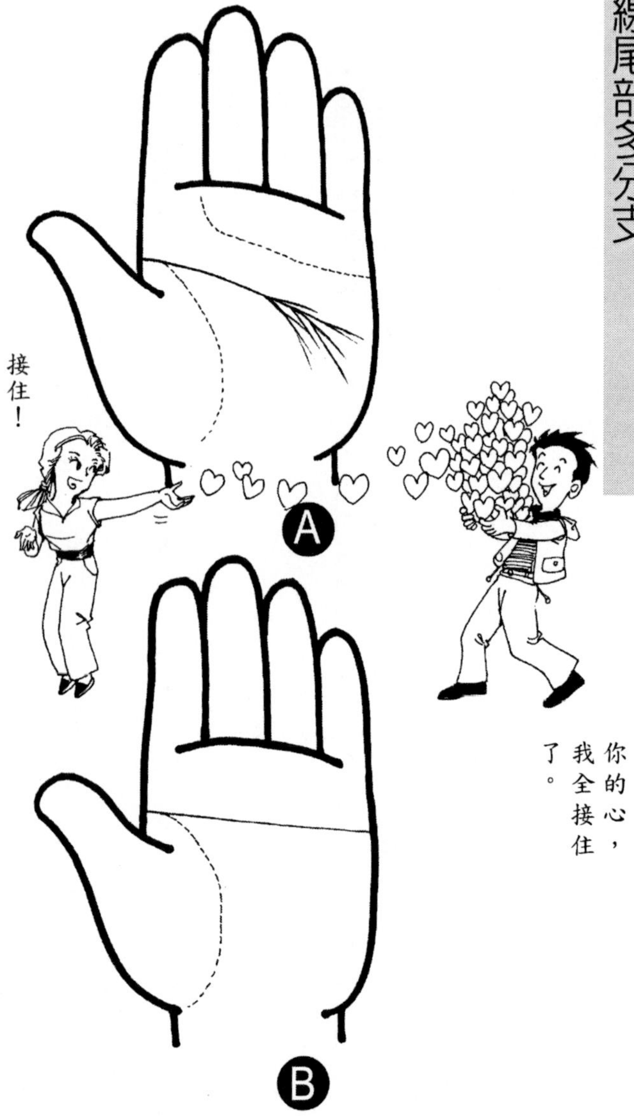

接住！

你的心，我全接住了。

A

斷掌，頭腦線與感情線合一

B

## 優劣

上吉　吉　平　下　下下

◎相愛指數：60

這一對情侶的配合最令人啼笑皆非，A方是個心多多之人，而B方則採取愛理不理的態度，一時便像糖黐豆般，一時則似水加了油，時冷時熱，完全叫人捉摸不到他們到底是否正在拍拖的。

## 性格互補

上吉　吉　平　下　下下

◎合拍指數：78

其實B方所採取的是以退為進的聰明做法，他明知A方是難以控制的，那就由他去，而他本身卻對自己充滿著自信心，深信對方必然鳥倦知還。如果A方年紀越長便會越發覺B方的優點，當了解到B君的優點，是以往所有追求者所無的時候，於是這段感情便可以長久了。

## 標準頭腦線，長而微向下伸展

A方頭腦清晰，對愛情持穩定和珍惜的態度。

## 頭腦線有島紋

## 優劣

上吉 吉 平 下 下下

◎相愛指數：60

有人說愛情施比受更快樂，而事實世間上的人，又有那一個是真的如此做過呢？但A和B兩者的結合，正好讓大家能體驗這句話的真義所在了。A方頭腦清晰，對愛情持穩定和珍惜的態度，而B方卻是一個曾經滄海，受過愛情打擊及折磨的人，對愛情產生不正確的情意結，因此二人有緣走在一起，全賴A方的主動面對。

## 性格互補

上吉 吉 平 下 下下

◎合拍指數：78

在B方來講，A方就等如是他內心深處的一劑靈藥，能醫治好他的心中死結。A方付出一種無私的愛心，感動了B方，令他對愛情重新拾回信心，漸漸地，他那條生有島紋的頭腦線便會漸漸地消失，線紋也得以回復完整，這時性格也會隨著改變了。

## 頭腦線向下彎垂

我們飛呀飛！

兩人都是個天才。

夫妻二重奏

A

## 頭腦線向下彎垂

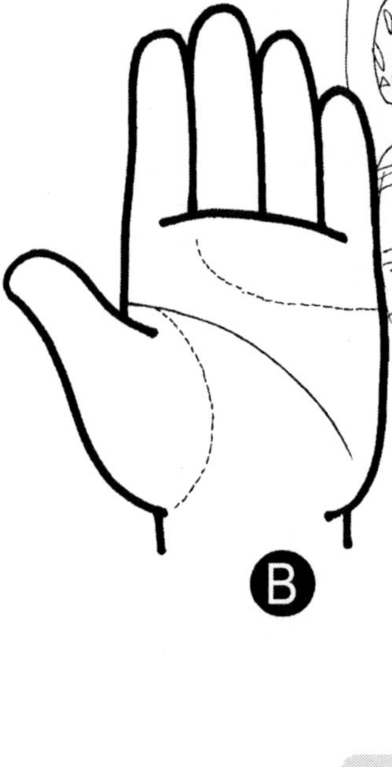

B

## 優劣

上吉 吉 平 下 下下

◎ 相愛指數：70

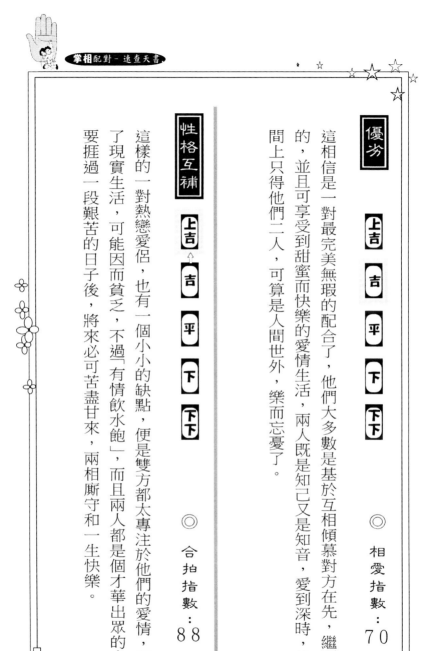

這相信是一對最完美無瑕的配合了，他們大多數是基於互相傾慕對方在先，繼而結識的，並且可享受到甜蜜而快樂的愛情生活，兩人既是知己又是知音，愛到深時，彷如世間上只得他們二人，可算是人間世外，樂而忘憂了。

## 性格互補

上吉 吉 平 下 下下

◎ 合拍指數：88

這樣的一對熱戀愛侶，也有一個小小的缺點，便是雙方都太專注於他們的愛情，而忘記了現實生活，可能因而貧乏，不過「有情飲水飽」，而且兩人都是個才華出眾的人，只要捱過一段艱苦的日子後，將來必可苦盡甘來，兩相廝守和一生快樂。

頭腦線急垂至掌基

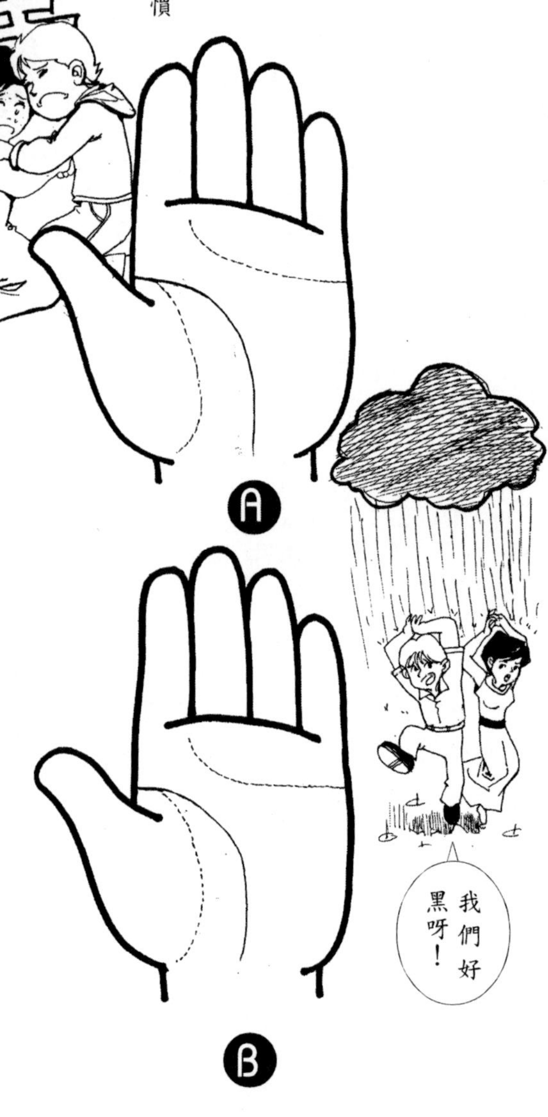


頭腦線急垂至掌基

**優劣**

上吉　吉　平　下　下下

◎相愛指數：70

雙方的感情線都同時向下直垂，可以說是最消極的一對戀人了，但他們因為性格很相近，彼此同是天涯淪落人，大家都受過感情的挫折，因此在惺惺相惜，互憐互愛下感情發展得特別快，也特別恩愛，真的羨煞旁人。

**性格互補**

上吉　吉 ⇩ 平 ⇩ 下　下下

◎合拍指數：50

所謂樂極生悲，正好用以形容這對戀人了，經過了一段美好時光之後，種種問題都會出現，但最大的影響還是雙方都抱著消極而逃避的態度，以致在很多必須面對現實的問題，都無法解決，最終導致雙雙陷入生活的困境裡，到時感情也不能再有快樂的感覺存在了。

## 川字掌，頭腦線與生命線分開

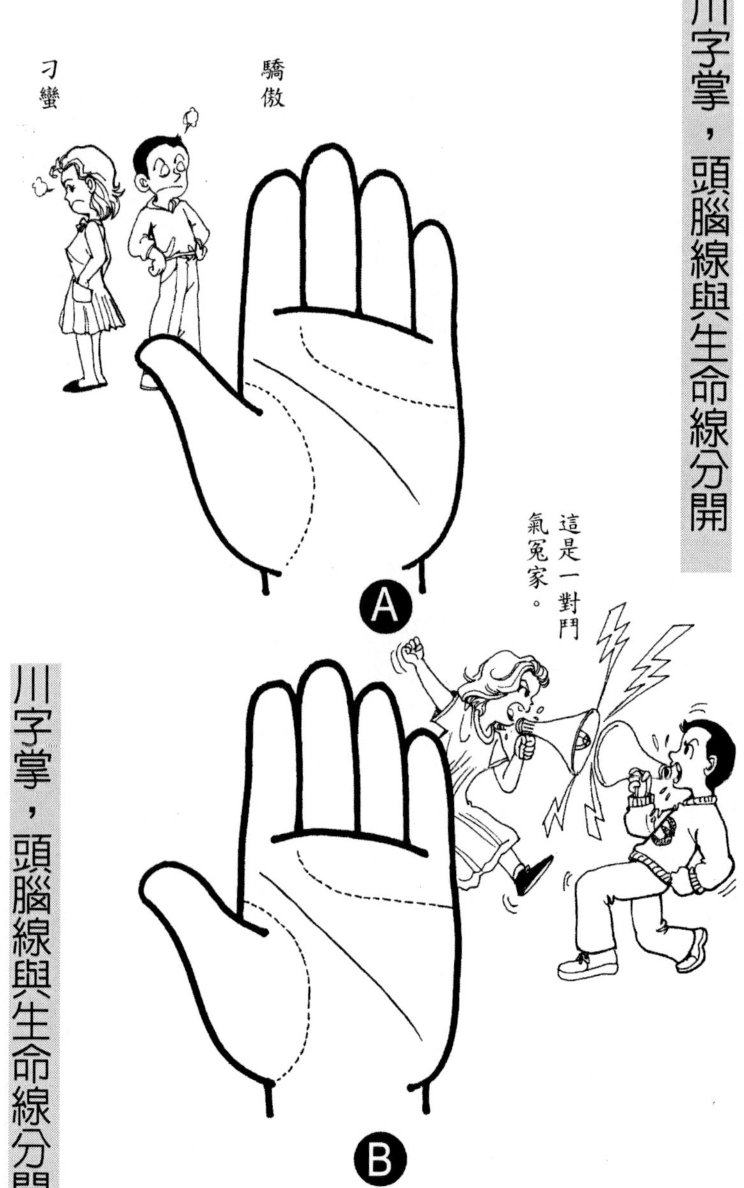


## 川字掌，頭腦線與生命線分開

**優劣**

上吉　吉　平　下　下下

◎相愛指數：75

這樣的一對愛侶，可以閃電熱戀起來，令人大吃一驚，忽然又鬥起氣來，各不瞅睬，活像一對鬥氣冤家。原因是有川字掌的A和B方性格都是小姐、少爺脾氣，發起威來各不相讓，但偏偏愈鬥氣愈愛對方，可謂矛盾到極了。

**性格互補**

上吉　吉　平　下　下下

◎合拍指數：78

如果這對戀人能夠把自大和高傲的心態收斂起來，這不失為一段美滿良緣，因為彼此性格真的很相近，做起事來能夠心靈相通，甚有默契，只要大家共同努力，必可開創美好而豐盛的未來，尤其能夠有十分理想的物質生活，有很多這類型的夫妻，組成了夫妻檔，合作做生意而能大展雄圖的。

斷掌，頭腦線與感情線合一

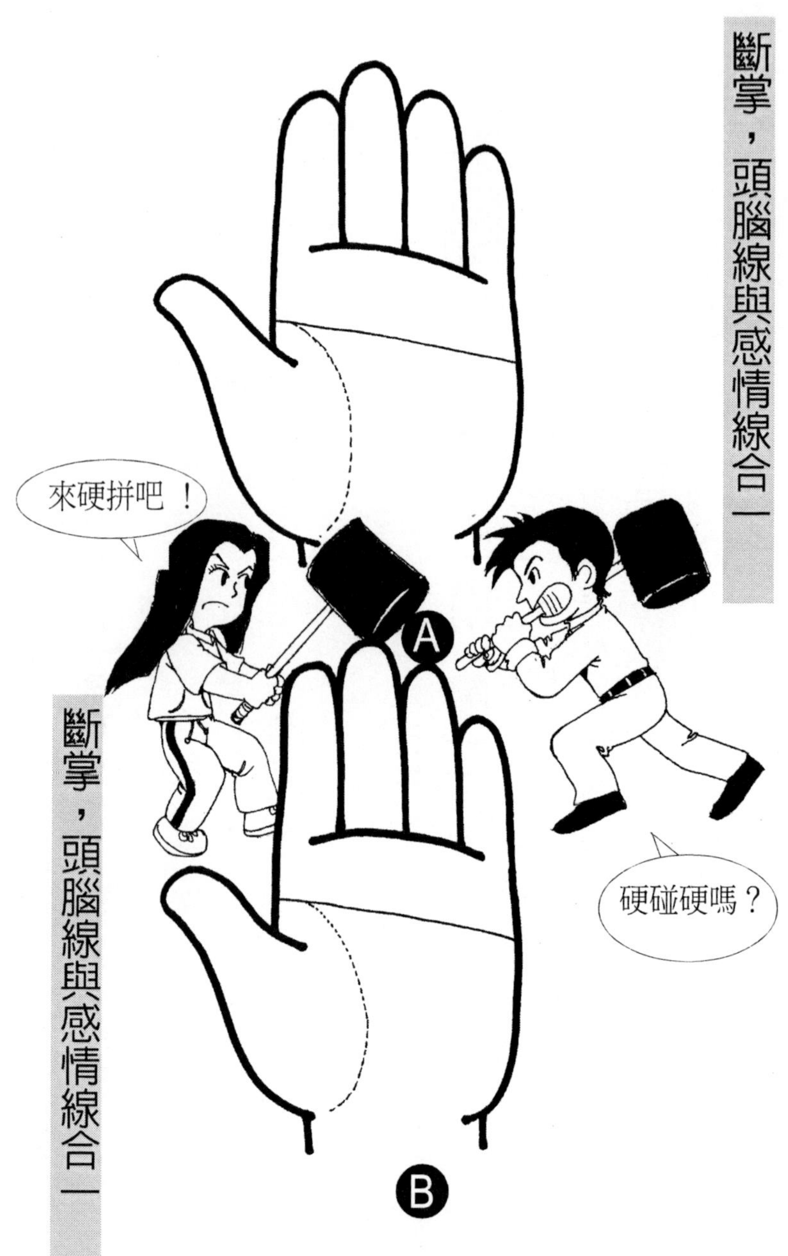


斷掌，頭腦線與感情線合一

優劣

上吉 吉 平 下 下下

◎相愛指數：60

AB雙方的手掌同樣是生有斷掌紋，只怕是最強悍的一對戀人了，他們擁有同樣的自信和自負，同樣喜歡凡事作主，獨斷獨行，可想而知爭執必多，雖然如此，二人的感情卻來得轟烈，因為大家都是敢愛敢恨的人，在他們的背後往往有著一個可歌可泣、盪氣迴腸的愛情故事。

性格互補

上吉 吉⇩平 下 下下

◎合拍指數：55

雖然雙方是重情義的人，但卻會經常對朋友跟對愛人都同樣好，無分彼此，漸漸地感情也隨著產生變化，各走極端，互不相讓，甚至各走各路，若要繼續在一起的話，便會每天打打鬧鬧，沒有半刻寧靜。

## 頭腦線打橫直伸

要用枯燥無味來形容這一對愛侶。

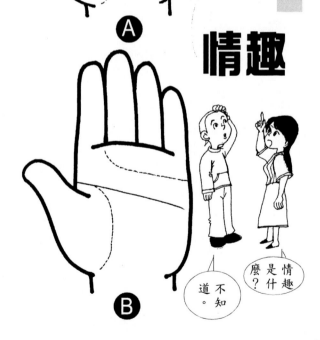

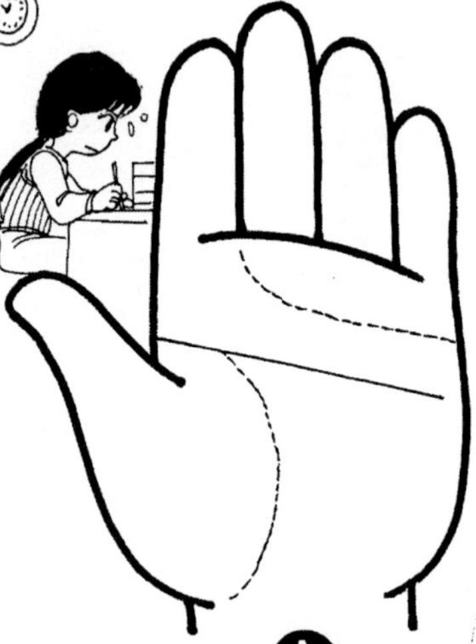

A

## 情趣

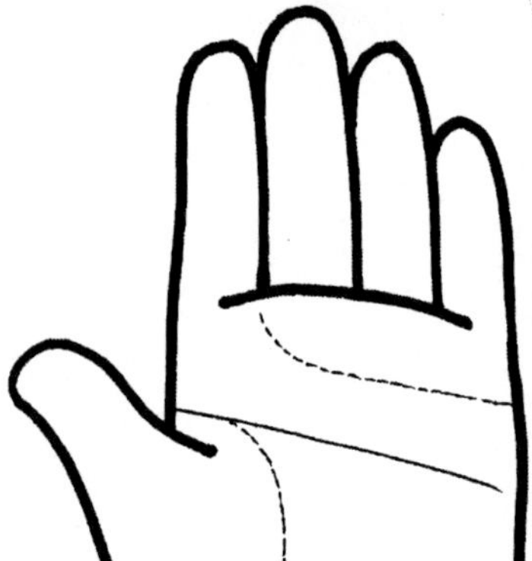

頭腦線打橫直伸

B

情趣是什麼？

不知道。

優劣

上吉 吉 平 下 下下

◎ 相愛指數：60

用枯燥無味來形容這一對愛侶，便最為貼切不過了，他們雙方都有各自的理想，未結婚的為了努力工作，兩家很少機會開開心心的玩個痛快。結了婚的就日夜拼命賺錢，更少見面的機會，不過奇怪的是，雖然如此乏味的戀情，卻會維持長久，不易分開。

性格互補

上吉 吉 平 下 下下

◎ 合拍指數：60

這樣的一對愛侶，變化很少，刻板地生活在一起，享受是有的，但都只是物質方面，而心靈上彼此是貧乏的，他們之能夠長久地維繫在一起，很大程度也是因為他們在愛情方面的「不求甚變」所至，但當彼此遇到第三者的出現時，真正考驗便來了，除非在平時大家努力尋找一些情趣來滋養彼此間的愛情，否則危機便甚難補救了。

## 末及標準，短頭腦線

危機

Ⓐ

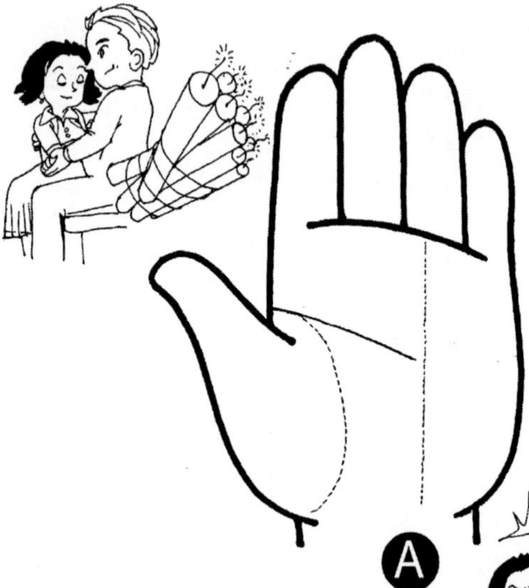

## 斷掌，頭腦線與感情線合一

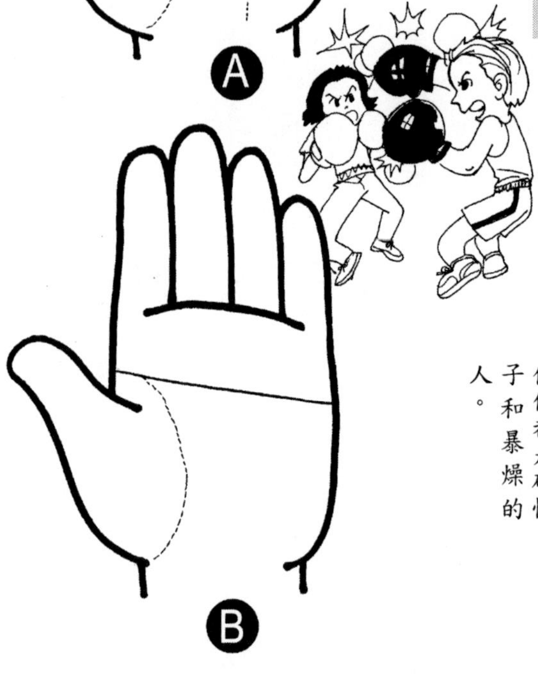

Ⓑ

他們都是硬性子和暴燥的人。

**優劣**

上吉 吉 平 下 下下

◎ **相愛指數**：70

頭腦線短的A方，跟頭腦及感情線合一「斷掌」的B方，性格有很多相近的地方，比如說大家都是很衝動，說做便做，同樣是很少顧及後果的人，不過前者欠缺後勁，後者貫徹始終，此外大家都是一愛便愛到底，毫無保留的，但A方會很快冷卻，而B方知道這段愛情有退色的話，便會斬釘折鐵地揮慧劍，斬情絲。

**性格互補**

上吉 吉 平 下 下下

◎ **合拍指數**：50

說到合拍，這樣的一對情侶的表現是相當合拍的，大家都是爽快的人，不拘小節，因此在相處上就比一般人配合得天衣無縫了，彼此可以享受到一段很甜蜜而美滿的愛情生活，不過針無兩頭利，也正因為他們都是硬性子和暴燥的人，因而隱藏了一定的危機，如果B方覺得玩厭了，而A方又只顧自己，我行我素的話，很快，他們便會由戀人降級為朋友了。

# 男女感情線大配對

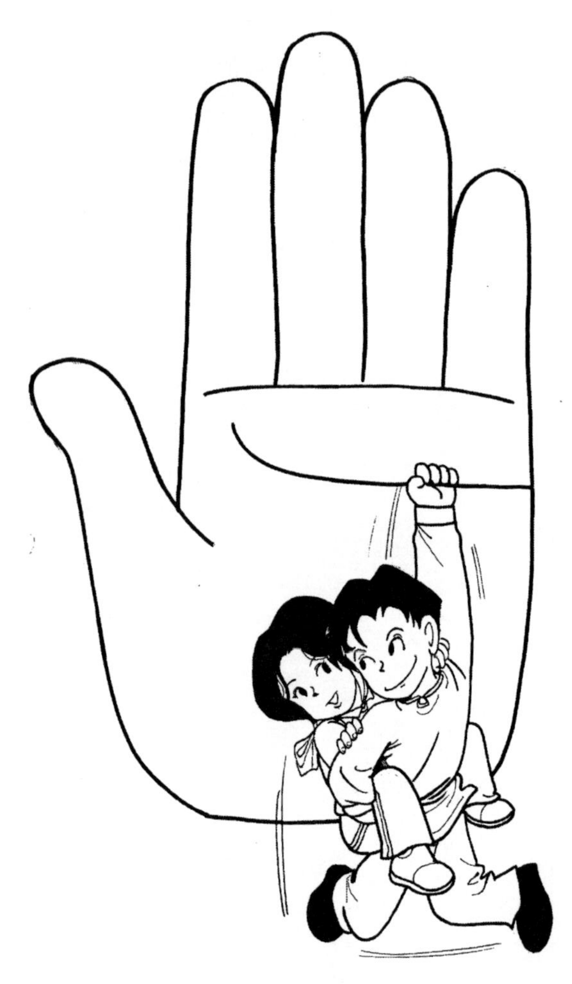

最理想的伴侶

## 感情線尾端，落在食指下

感情線微微向上彎向食指底部，其人具有溫馨的愛情與不變的誠意。感情方面，本著中庸之道，靈慾並重，理性與感情平均發展。這類人甚講義氣，對朋友與愛侶，都是有情有義的。

## 感情線尾端，落在中指下

這類人頗好動、熱情、慾念較重，但卻有著很強的吸引力，能令異性對其產生追求和愛慕。不過他的愛是忽冷忽熱的，很快便把愛情的火焰燒乾，因此他對感情也是不甚專注的。

## 感情線向上彎入食中二指間

這是個具有純真而熱情的人，人緣甚好，交遊廣闊，朋友眾多，處處得人好感，但每每因過份熱情對人而引起對方的誤會。

在生活方面，這類人可謂多姿多彩，十分懂得享受生活，投入生活。

好凍呀

## 感情線直無支線，尾端如尖針

是個對人冷漠而欠缺熱情的人，對於不喜歡的人，絕不會應酬，也不易接受別人的好意，形成一種十分「直」和「冷」的性格，對於親情方面，顯得較淡薄。

因不懂得表達自己的感受，故生活比較枯燥乏味。

## 感情線尾端下垂，觸及頭腦線

這類人每每自作多情，原因是太過敏感，常存有愛情的美麗幻想，又製造很多機會給自己墮入情網。此外他也是個痴情漢子，但總給人太多情的感覺。

## 感情線短直，無支線，尾端尖

這是個冷感而無情的人，優點是口直心快，個性爽朗，做事快刀斬亂麻之下，每有佳績，不過這樣造成了性格的缺點，容易語言間傷害了別人，也容易粗心大意，凡事只思前而不想後，因此招致失敗。

## 感情線過長，伸至掌邊

是個獨佔慾太強的人，對於愛侶可謂一心一意，無微不至，感情非常深厚，但他對自己的付出，必須全數收回，更不能容忍愛人有異性朋友，否則心裡便不好受，因此也局限了對方的自由，令人吃不消。

## 感情線分裂開

其感情線分裂越大，則所受到的感情打擊越大，而且非常之情緒化，對愛情常抱著追求刺激和解悶之玩世不恭態度，但當他真心愛上一個人的時候，卻易受愛情的波折，最後終會對感情失去信心。

## 感情線有島紋

這表示感情線的質數遭到破壞，容易惹出三角戀愛，或演變成悲戀、苦戀。

島形生在尾指對下代表初戀失敗，生在無名指下，少年為情所困，在中指下，婚姻易亮紅燈，在線端食指之下，晚年惹桃花。

## 感情線尾端有多條支線

社會日漸複雜，不再像過往般單純，現代人心態也很複雜，這種感情線的尾部分支太多，暗示著現代人那種喜歡玩愛情遊戲，又自尋煩惱的性質。通常這種紋的人會多愛多恨，婚後必須努力保持家庭生活的平衡。其實一般人的頭腦線近尾處，都有兩、三條微細支線，這是正常現象，太多才會不好。

## 鎖鍊紋感情線

愛玩多角戀愛者。

整條感情線成鎖鍊狀，表示有用情不專的天性，是個處處留情的人。這種人天生就魅力四射，吸引異性。不斷尋求異性新刺激，時常變換對象，玩多角戀愛是平常事。這種行為，很容易引火自焚。

## 斷斷續續感情線

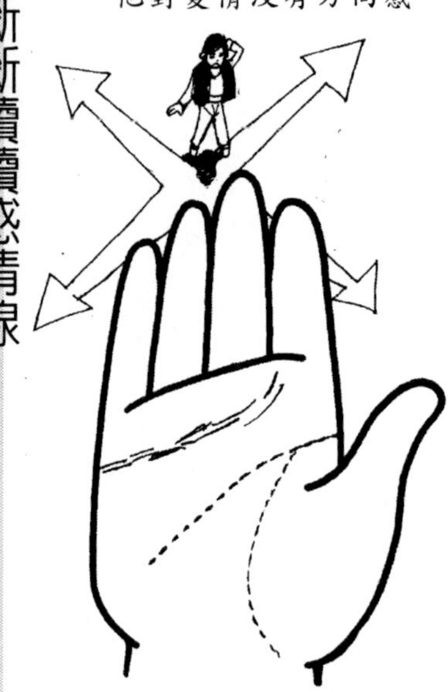
他對愛情沒有方向感。

這種人最沒有持久力，做任何事都容易灰心喪志，中途放棄，甚至一開始已弄得一塌胡塗，結果爛尾收場。

情緒方面容易受環境影響，談戀愛沒有方向，也沒有宗旨，於是每每以悲劇收場居多，沒法得到一個完整的愛果。

一於死纏。

## 感情線頭腦線和生命線相連結

三條主線相連成「大三叉」形，這是個為情顛倒的痴情狂，為了愛情，他可以甚麼也不顧；但這種性格非但不能夠為他帶來美好的良緣，相反地帶來了痛苦的回憶。他對任何事情，只要是他想得到的，便會盲目地追求，造成悲劇的收場。

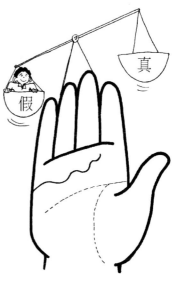

假情重要過真情。

## 感情線波浪形

這類人每多虛情假義，善於故弄玄虛，玩弄別人於其股掌之中，加上他反覆無常的性格，形成他在愛情及婚姻路上，都得不到真正的幸福，也沒有真愛，而他的人生也是起伏不定的。

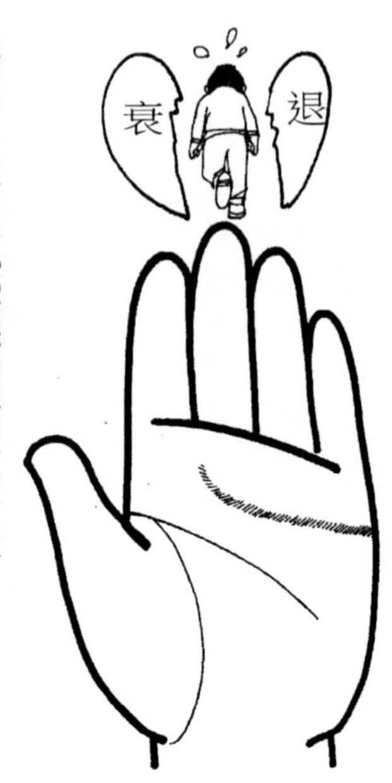


## 感情線粗淺模糊頭腦線

此線紋的出現，代表感情線本身有衰退的現象，多數是失戀或受到感情上的打擊後出現，線紋由清轉矇、轉弱，必須經過一段長時間重拾失去的信心，之後才回復正常，尤其是對感情的熱誠。在失去信心的期間，對生活上一切均會失去興趣和活力。

## 感情線太過深刻

感情線生得比其他線都深刻，是個感情用事的人，一切都以感情作為出發點，少用理智去衡量事情，結果弄出很多的是是非非來，而且多數是被感情所拖累，自己成為身受其害者。

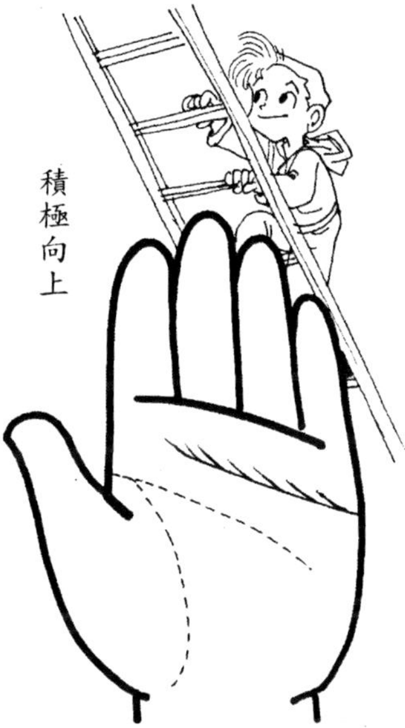

積極向上

## 頭腦線長出短小向上支線

這類人對愛情充滿著積極的期望，向上的支線代表可得到愛情帶來的快樂，愛情力量強大，且具有吸引異性的魅力。

向上線生在小指很早熟，年紀小小便已談戀愛。支線朝著無名指，青少年時期獲得甜蜜的初戀。在中指下則婚後得美滿婚姻生活。

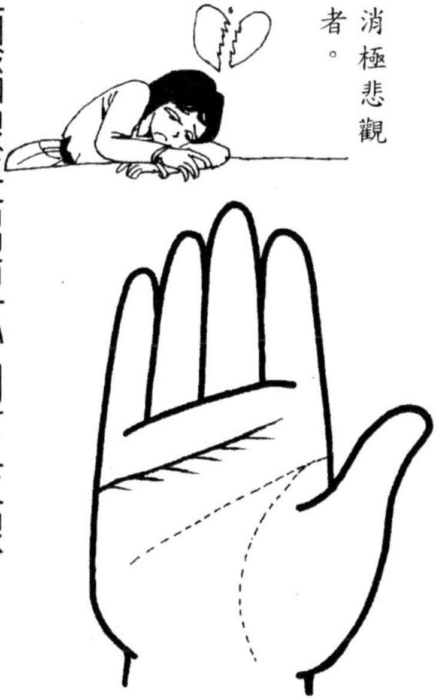

消極悲觀者。

## 頭腦線長出短小向下支線

對於愛情，這類人抱著消極和悲觀的態度，而所遇到的愛情，亦以失望和悲傷的居多，兼且會影響到以後的愛情運。

向下線生在小指，童年時代便已對愛情抱著失望。無名指下代表少年苦戀。中指之下代表婚姻不理想。

## 感情線尾端落在食指下

愛情在任何時候都是向上升的。

A

## 感情線尾端，落在中指下

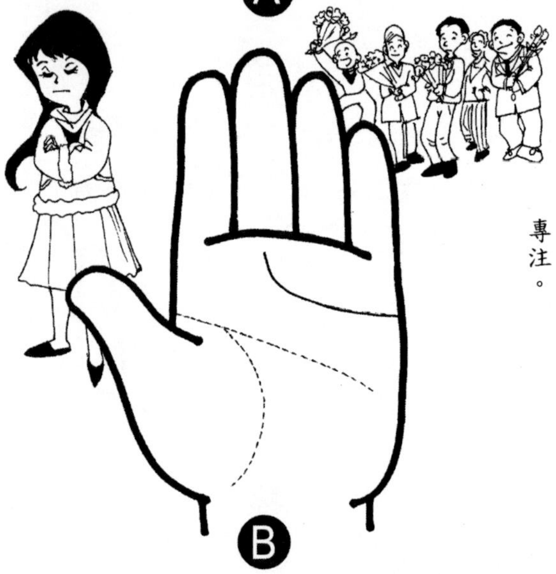

愛情不會專注。

B

**優劣**

上吉　吉　平　下　下下

◎相愛指數：60

其實這雙愛侶的配合有點是錯配鴛鴦的，A方情長義更長，卻偏偏遇上了不專注於愛情的B方，兩家雖然能保持相愛一段時間，但一到B方心有別向時，這一段感情便會出現危機了，雖然A方是個重情重義的人，但無奈B方天生好玩，身邊又多追求者，於是問題往往便由此而生了。

**性格互補**

上吉　吉　平　下　下下

◎合拍指數：70

性格方面的不適當配合，往往能從雙方的真誠對話和彼此關懷所改變，只要大家拿出點信心來，必定有機會成功的。不過一切還須看B方能否收心養性，把一夥不羈的心收拾起來，投入A君之懷抱，但只要A方能夠鍥而不捨地爭取，還是有成功的一天。

## 感情線向上彎入食中二指間

可謂各走極端的一對了。

A

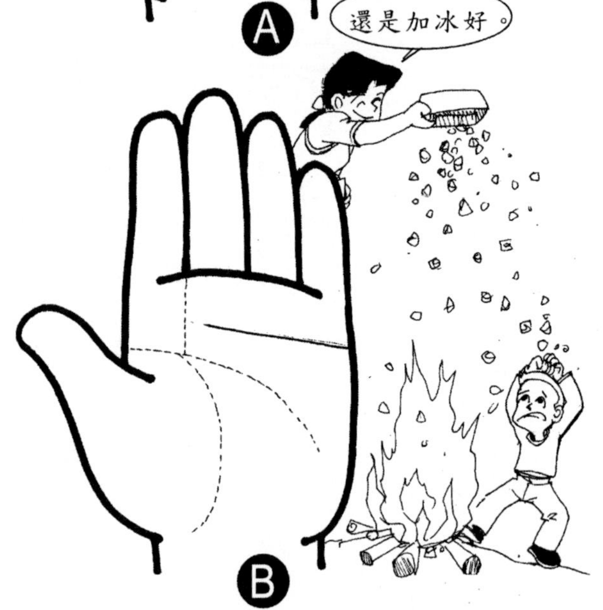


## 感情線直無支線，尾端如尖針

## 優劣

上吉 吉 平 下 下下

◎ 相愛指數：60

這樣的一對愛侶，可說性格完全相反了，一個熱情如火，另一個卻像冰雪般冷，而且各自有著很不同的生活習慣，A方活躍於眾多的朋友間，熱力四射，而B方則喜愛獨個兒，享受著寧靜而平淡的生活，兩人之能夠走在一起，無非是A方追求新刺激，被B方的冷艷或孤高的氣質所吸引而致。

## 性格互補

上吉 吉 平 下 下下

◎ 合拍指數：80

很多朋友都不會看好這一對性格大大不同的戀人，但偏偏令大伙兒都跌了眼鏡，這樣的情侶卻原來最能夠以性格互補來改進自己的缺點，A方的過份熱情會沉迷於吃喝玩樂之中而不思進取，得B方的專心一致性格影響，必有所改善，而且A方也能和B方一起享受片刻寧靜，反過來B方也可得A方所帶來的優點，加添了不少生活姿彩。

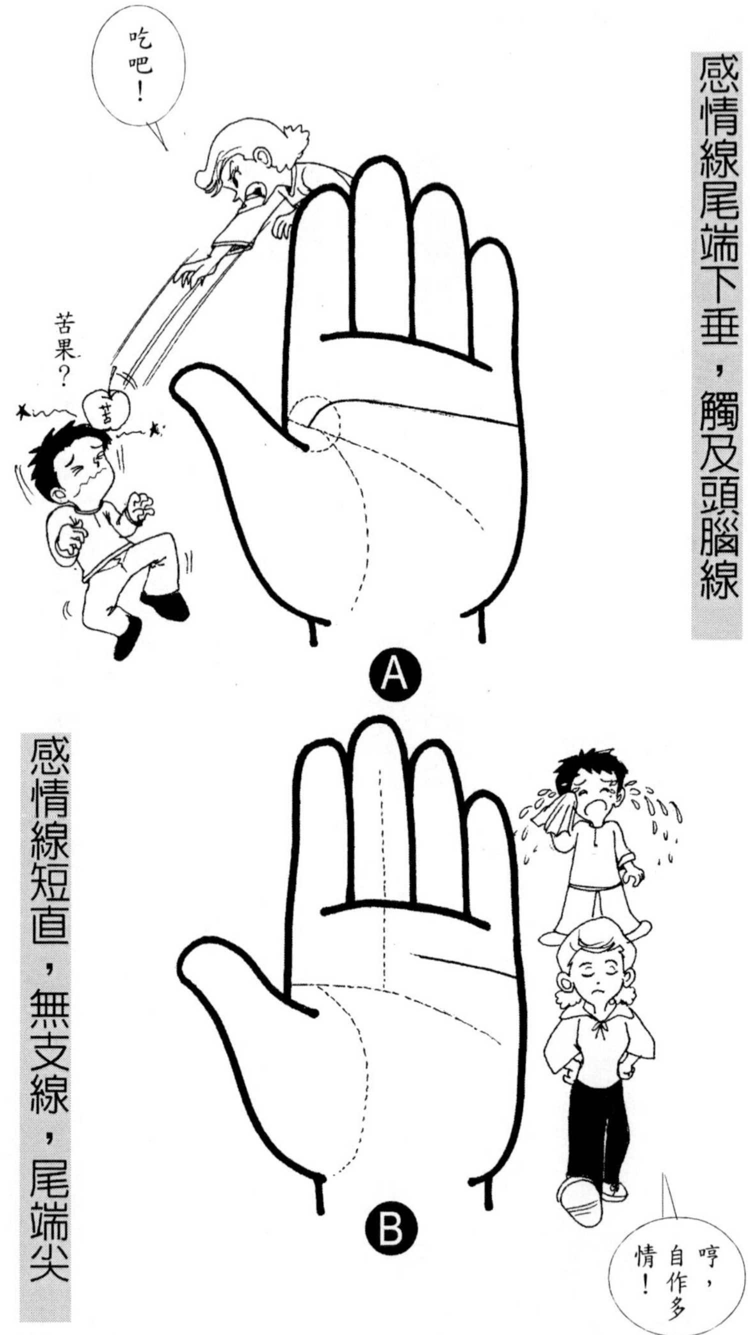
感情線尾端下垂，觸及頭腦線
吃吧！
苦果？
苦
A
感情線短直，無支線，尾端尖
B
哼，自作多情！

**優劣**

上吉　吉　平　**下**　下下

◎ 相愛指數：50

一個多情而「自作」的人，遇上一個冷感而無情的人，相信一定有很精彩的愛情故事可以發揮了，但在現實裏，這種配合便不容易產生起愛情來了，因為A方是個太容易幻想別人喜歡自己的人，遇上了B方只是一種假象，很難會擦出愛情火花來的。

**性格互補**

上吉　吉　平　**下**　下下

◎ 合拍指數：50

A方是個不容易放棄眼前目標的人，但B方卻沒有愛情的感覺，任憑A方出盡法寶，心力交猝，還是得不到B方的垂青，而B方的心可能只想找一個很有錢的丈夫，能過一些豪華生活而已，這是A方所不能接受的，因此這段感情是單方面的居多了。

## 感情線過長，伸至掌邊

你看我多情長？

我不要那麼長！

A

情

## 感情線分裂開

B

## 優劣

上吉 吉 平 下 下下

◎ 相愛指數：50

這絕對是同病相憐的一對戀人，皆因雙方都曾受過了很大的感情創傷，當A和B方偶然地相識，自然有一種彷如隔世的感覺，正如巧遇知音那樣，A君因為對愛侶太關心，過份地把注意力都集中在彼方身上，因而令很多人都吃不消捨他而去，B方則因為自己不懂得珍惜別人對他的愛，因而在愛情路上觸礁。

## 性格互補

上吉 吉 ↑ 平 ↑ 下 下下

◎ 合拍指數：75

當兩人遇上新的愛侶時，再不會重蹈復轍了，A方會專重對方，保留一些空間給對方，而B方則會珍惜對方所負出的愛，因此便能夠產生互補作用了。

如果A、B雙方都太執於自我，毫無悔意，依然故我地，只怕這段感情又將帶來二人更沉痛的打擊了，因此需要小心反省和努力學習新的人生處世態度，才是上策。

## 感情線有島紋

A、B雙方的結合，反映了一些哀怨的愛情故事。

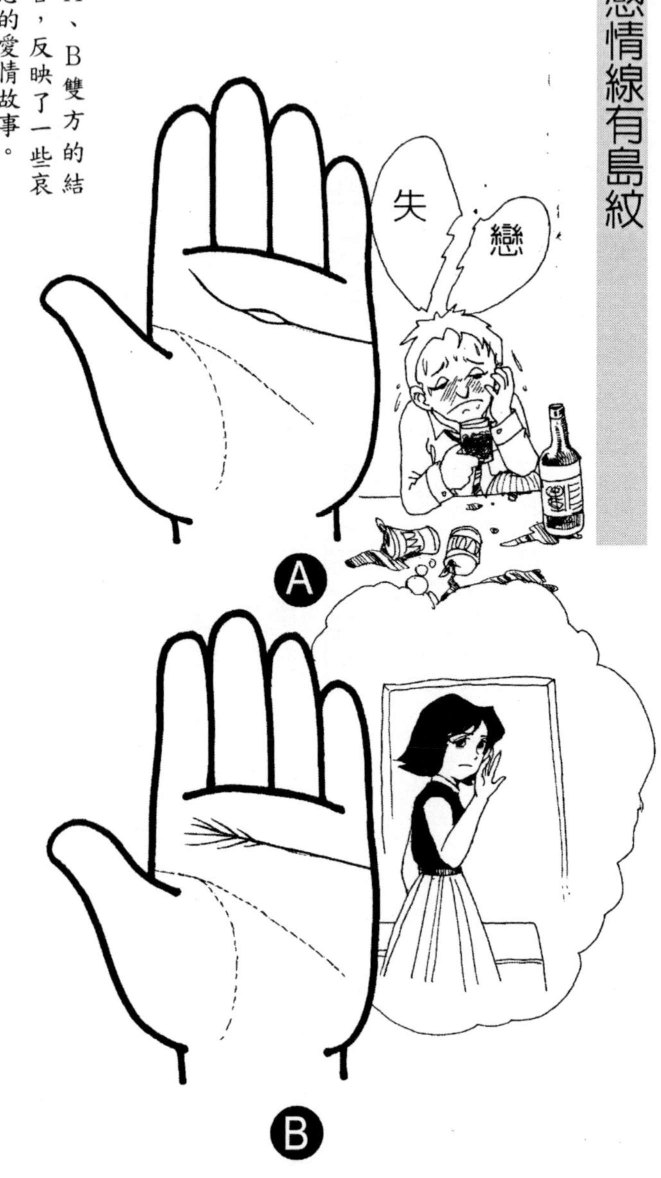


## 感情線尾端有多條支線

## 優劣

上吉　吉　平　下　下下

◎相愛指數：68

在小說和電影裏，經常都可以看到一些十分哀怨的愛情故事，而A、B雙方的結合，正正反映了這種悲戀和苦戀的情況，不幸往往會發生在他們的身上，A方是個糾纏於苦戀之中的人，遇上花款多多的情場高手B君，立刻便被吸引住了，事實上兩人也可以渡過一段頗美好的時光，但過後便無從後繼。

## 性格互補

上吉　吉　平⇩下　下下

◎合拍指數：50

由於對愛情抱著錯誤的觀念，雙方都會各走極端，感情很快便會「變質」，A方懷抱著舊陰影，B方則只顧眼前多姿多彩的生活，這樣是不能令愛情生根的，因此彼此都需要很努力去維持著真誠的愛意，但在他們來說都會較困難，因為他們的性格都有著很大缺點。

## 鎖鍊紋感情線

## 斷斷續續感情線

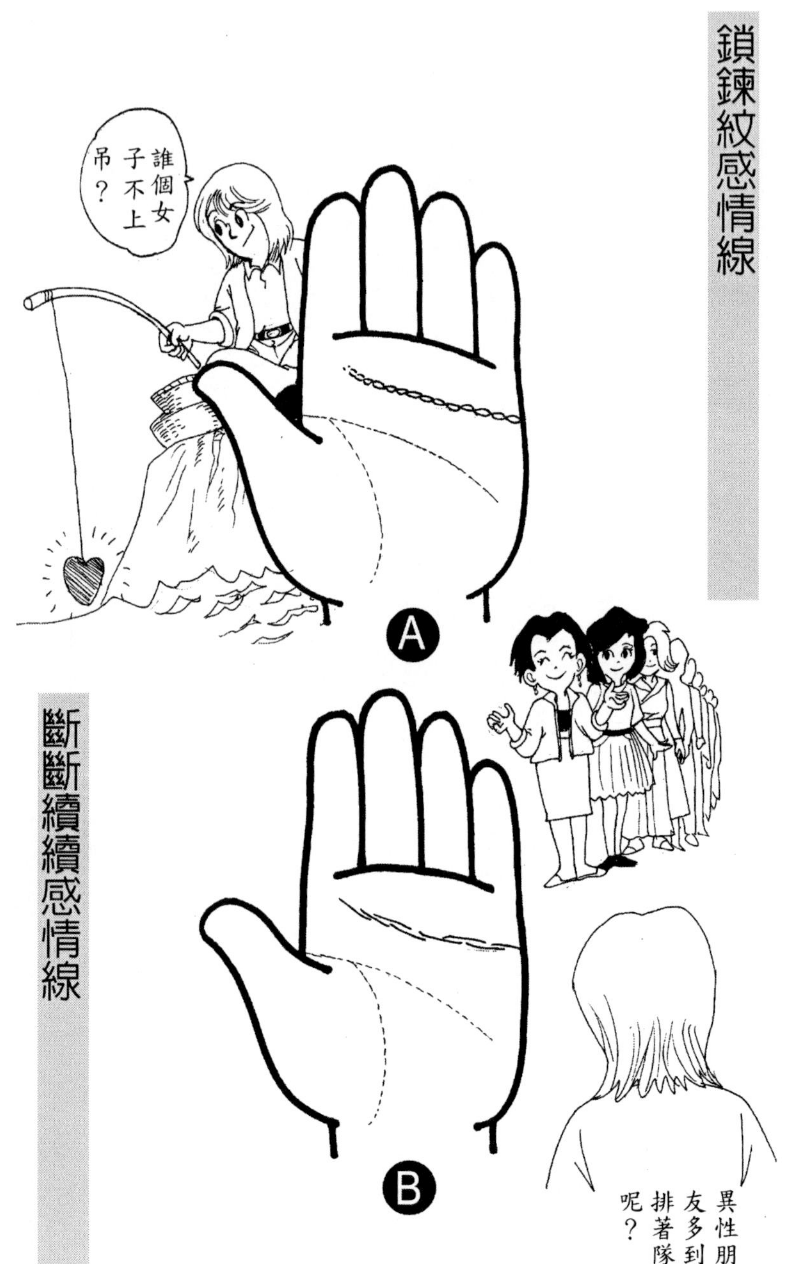

## 優劣

上吉 吉 平 下 **下下**

◎ 相愛指數：60

這樣的一對愛侶，他們的愛情真可謂千瘡百孔了，大家由始至終都在玩愛情的追逐遊戲，從來都未有定下來，看看對方的真面目和發掘對方的優點長處，大家走在一起，看來目的只在於尋找新鮮和刺激而已，這是一種毫無基礎和意義可言的愛情。

## 性格互補

上吉 吉 平 下 **下下**

◎ 合拍指數：40

在二人來說，愛情只是一場遊戲或一場賭博，贏輸無時定，他們都可以對失戀以一笑置之，雙方都活在愛情的邊緣上，隨時可找到新歡來代替舊愛，對他們來說，叫其靜下來倒不如讓他不斷地作「愛情試煉」來得實際，反正當一個人年紀大了，總有一天會停下來的。

## 感情線頭腦線、生命線相連結

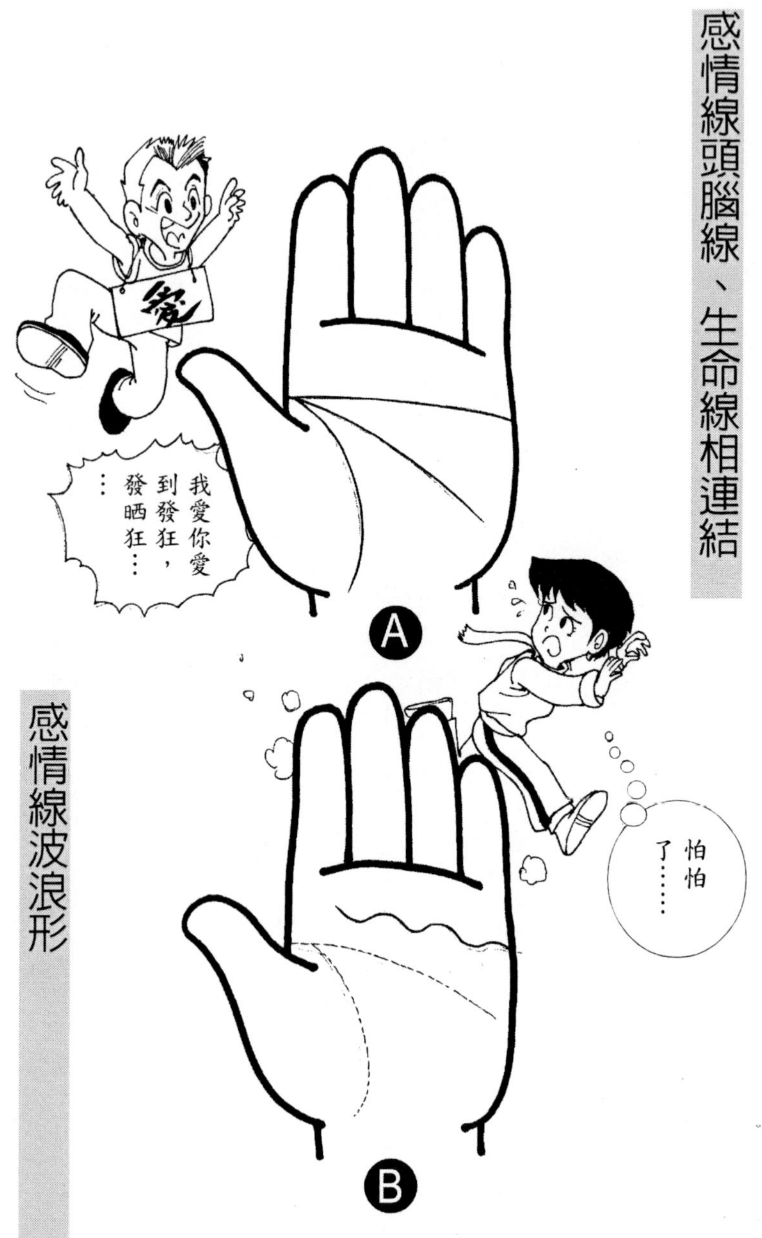

愛
我愛你愛到發狂，發晒狂……
A
怕怕了……
B


## 感情線波浪形

## 優劣

上吉　吉　平　下　下下

◎ 相愛指數：50

這樣的一對配搭，可以說是最為不吉，只因它存在著不少欺騙成份，另一方面更存在著失去理智及暴力的成份，因此諸君發覺自己及愛侶有這種手相時，都要特別小心，因為A方對愛情的執著近乎瘋狂程度，B方卻是個存心以愛情作手段的愛情玩家，試想這種結合，又豈會不出事呢？

## 性格互補

上吉　吉　平　下　下下

◎ 合拍指數：30

A方本身對愛情最不理智，常會為愛情而做出傻事來，這正好被B方看中了他的弱點，而加以利用。當這種扭曲的愛情發展起來，便即產生不可預期的後果，故此早點提防為上。

## 感情線粗淺模糊

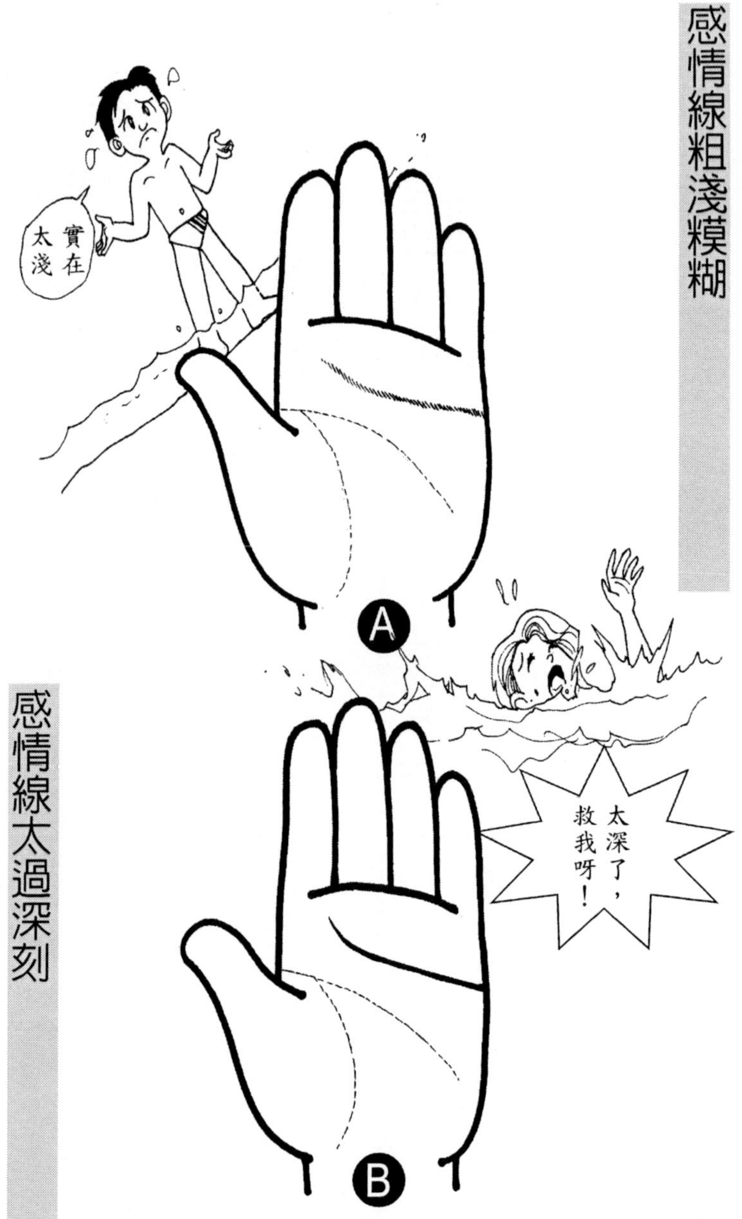


## 感情線太過深刻

## 優劣

上吉 吉 平 下 下下

◎相愛指數：60

由於A、B兩方面都是對愛情有錯誤理解的人，他們的相愛絕對不是一帆風順的，都需要克服一些心理障礙，才能夠走在一起，A方會因對方粗心大意而經常令B方不滿，而B方又會因過份的著緊，處處表現得太關心和太緊張，令A方甚不自在，因此兩人在相處上還有很多地方需要學習的。

## 性格互補

上吉 吉 平 下 下下

◎合拍指數：78

兩個人相處，最重要便是能夠互相欣賞對方，不計較對方的短處，多發掘他的優點，自然能令彼此間的愛情濃度與日俱增，這對配合的愛侶便深明這方面的道理，而且更進一步把大家的優點來互補不足，令生活更添喜悅和令愛情昇華起來。

頭腦線長出短小向上支線

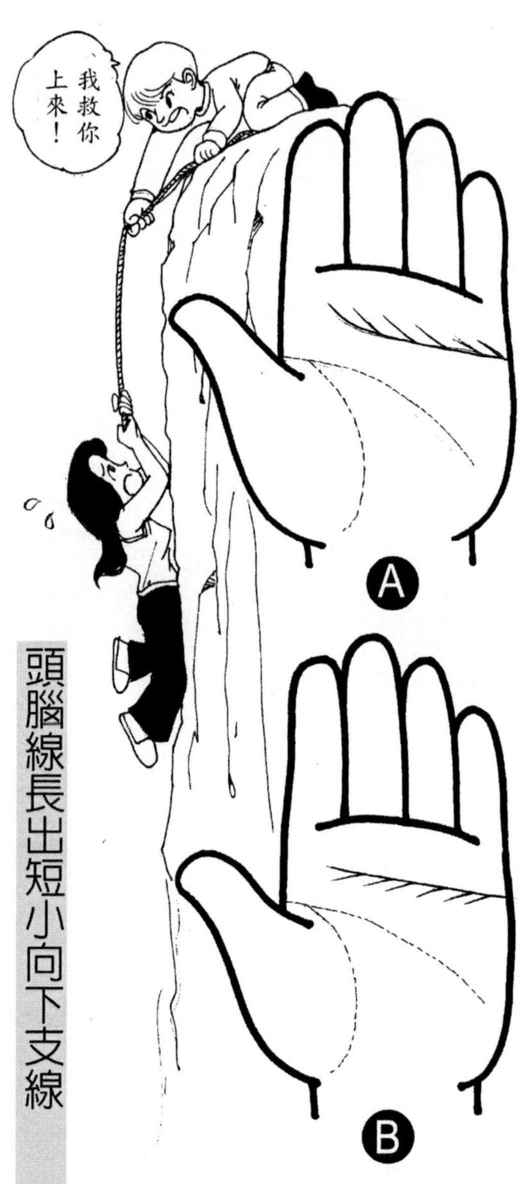


頭腦線長出短小向下支線

## 優劣

上吉　吉　平　下　下下

◎相愛指數：60

兩個人的相處，貴乎坦白與真誠，A方就是這樣一個對愛情既坦白又真誠，充滿積極的人，遇上了B方對愛情抱持著相反態度，可謂費盡不少心思和精神了，但正所謂精誠所致，金石為開，始終積極的力量是勝於一切的，A方成功必定在望呢！

## 性格互補

上吉　吉　平　下　下下

◎合拍指數：80

說到以性格互補的努力，這必會以A方的付出為最大，而B方因為有消極逃避的愛情觀，所以基本上是沒有付出的，因此A方便需要以更大的努力來換取B方面的信心了，但只要能打動到他的心，這段感情必可有很美好的發展。

## 感情線尾端落在食指下

這是最完美的一對配搭了。

A

## 感情線尾端落在食指下

B

雙方都是愛得深。

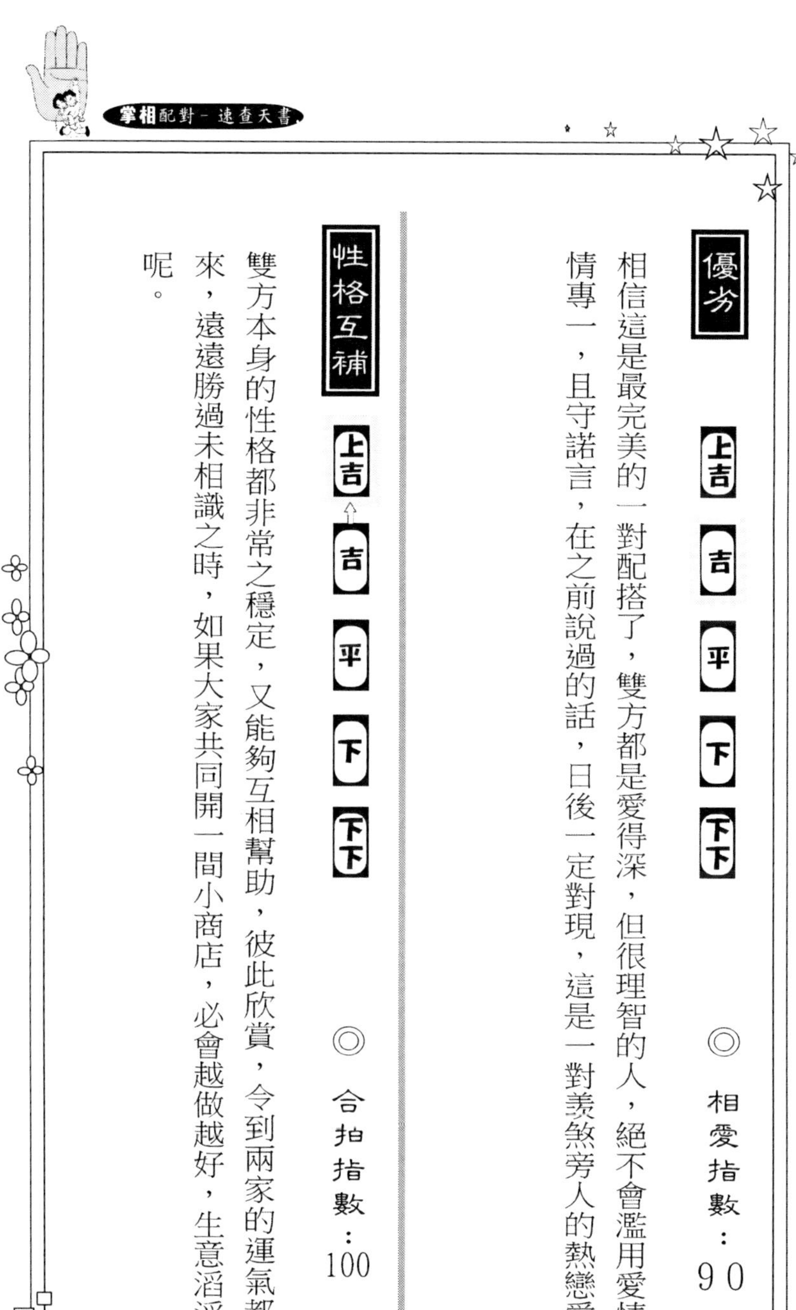

優劣

上吉 吉 平 下 下下

◎相愛指數：90

相信這是最完美的一對配搭了，雙方都是愛得深，但很理智的人，絕不會濫用愛情，用情專一，且守諾言，在之前說過的話，日後一定對現，這是一對羡煞旁人的熱戀愛侶。

性格互補

上吉 吉 平 下 下下

◎合拍指數：100

雙方本身的性格都非常之穩定，又能夠互相幫助，彼此欣賞，令到兩家的運氣都好起來，遠遠勝過未相識之時，如果大家共同開一間小商店，必會越做越好，生意滔滔不絕呢。

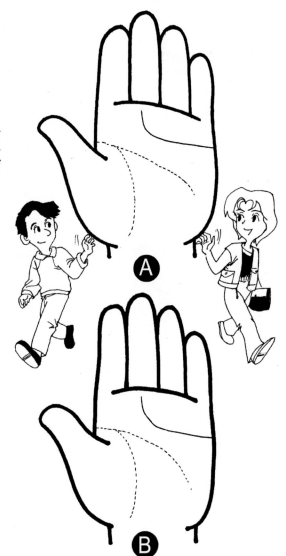

## 感情線尾端，落在中指下

一對最熱力四射的戀人。

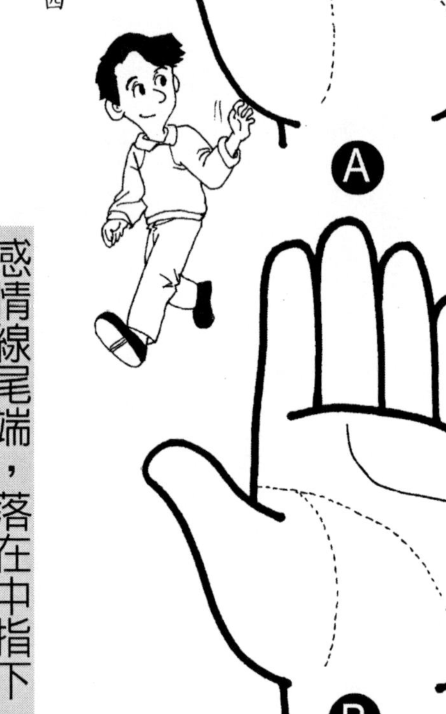


## 感情線尾端，落在中指下

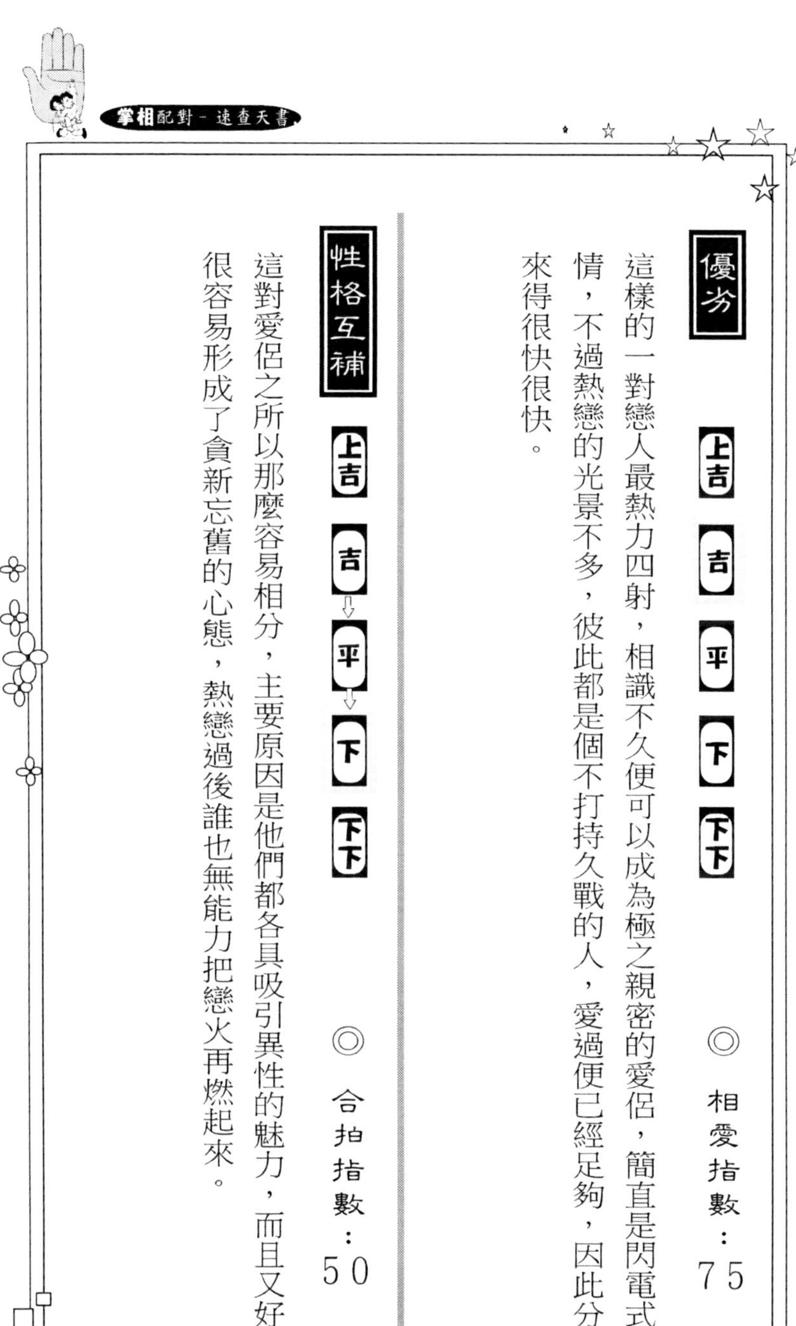

**優劣**

上吉　吉　平　下　下下

◎相愛指數：75

這樣的一對戀人最熱力四射，相識不久便可以成為極之親密的愛侶，簡直是閃電式的愛情，不過熱戀的光景不多，彼此都是個不打持久戰的人，愛過便已經足夠，因此分手也來得很快很快。

**性格互補**

上吉　吉　平　下　下下

◎合拍指數：50

這對愛侶之所以那麼容易相分，主要原因是他們都各具吸引異性的魅力，而且又好玩，很容易形成了貪新忘舊的心態，熱戀過後誰也無能力把戀火再燃起來。

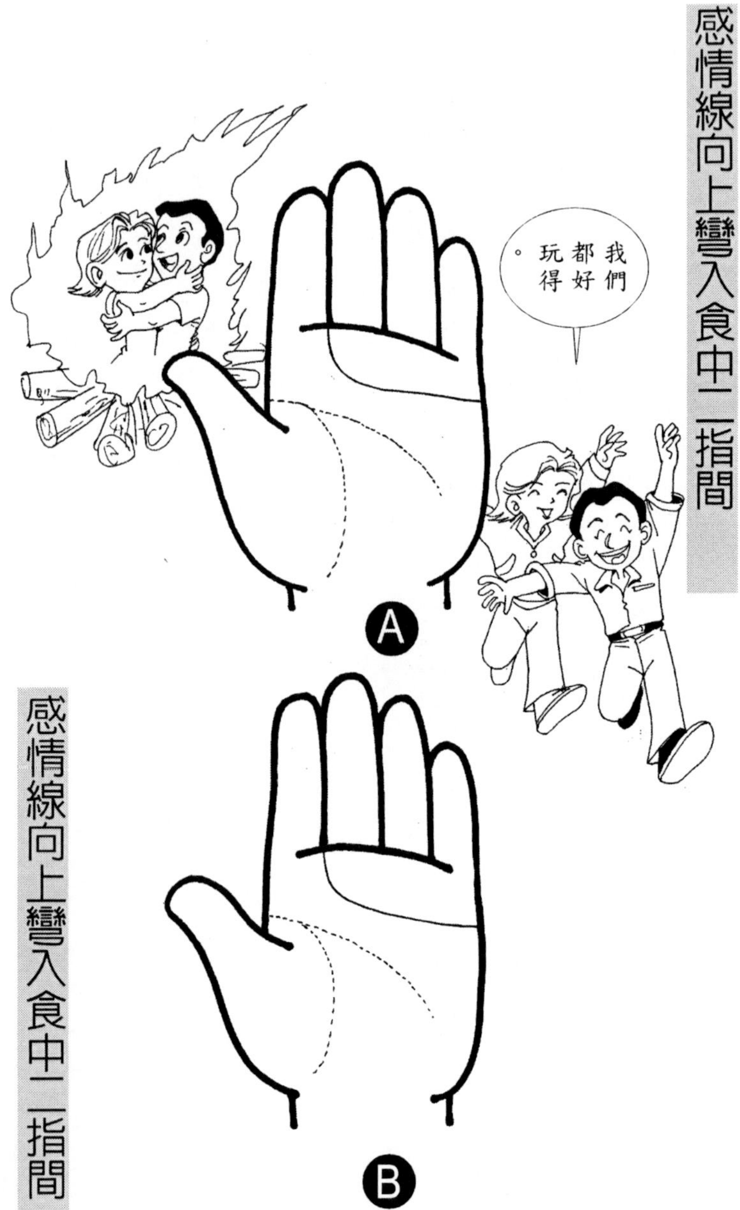
感情線向上彎入食中二指間
我們都好玩得。
A
感情線向上彎入食中二指間
B

## 優劣

上吉　吉　平　下　下下

◎相愛指數：80

這對愛侶的結合，絕對是天生一對了，因為大家都是那麼活躍和好動，大家相識後便每天不停地遊山玩水，總之是樂而忘返，在大家的眼中，他們像一對小鳥一樣，天天唱和，自由自在地飛上雲霄，不吃人間煙火。

## 性格互補

上吉　吉　平　下　下下

◎合拍指數：88

這對愛侶應該需要有靜下來的時間，否則只顧玩樂便會令到工作疏懶了，到時便出現經濟上的危機了。不過他們彼此都是十分積極的人，很能夠互相扶持，只要略為收斂，將來必定可更加幸福地生活下去。

感情線直，無支線，尾如尖針

感情線直，無支線，尾如尖針

## 優劣

上吉　吉　平　下　下下

◎ 相愛指數：55

這對愛侶都是冷冰冰的，完全感覺不到他們有熱戀的喜悅笑容，彼此只是淡淡相對，既無甚麼刺激可言，又沒有新趣，加此生活在一起難免會很悶，就算愛情不變，那又和變了有何分別呢？實應反省。

## 性格互補

上吉　吉　平　下　下下

◎ 合拍指數：75

這樣的一對性格的愛侶，雖然天天都活在冰冷的氣氛之中，但也可以從一些生活小節之中取得一點趣味來的，只要是大家有心去改善生活，彼此間的相處則盡量做到開懷一些和放鬆一些，只要大家交出一夥真心，那麼冰封的心自然會漸漸解凍溶化了。

## 感情線尾下垂，觸及頭腦線

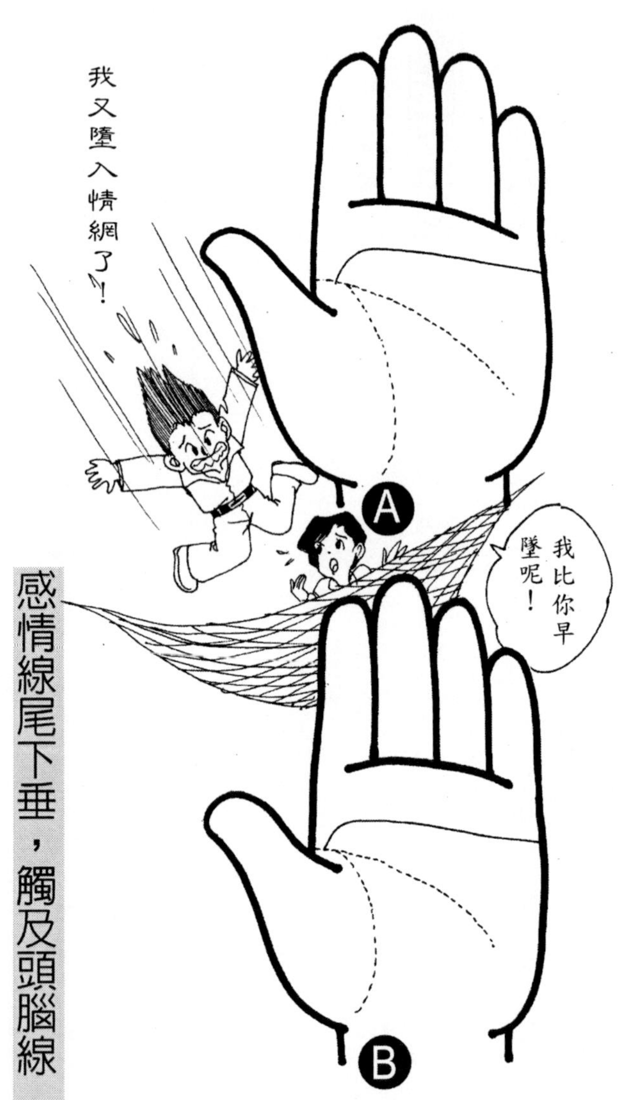

A
我比你早墜呢！
我又墮入情網了！
B
感情線尾下垂，觸及頭腦線

## 優劣

上吉　吉　平　下　下下

◎ 相愛指數：55

這一對戀人雙雙有著對愛情的幻想，也各自有夢想中的白馬王子和公主，不容易打破在他們潛意識的事物，因此他們的相配，未必就代表雙方已找到了自己的最愛，加上兩人都很容易墜入情網和自作多情，因此會出現錯愛。

## 性格互補

上吉　吉　平　↑　下　下下

◎ 合拍指數：65

這對愛侶雙方面也需要先作出反省，不要再沉醉在自己的童年夢想裡，要真真正正的看清楚眼前一切才是實實在在的，不虛無不縹緲的；當彼此都開始發覺對方的存在時，再去發掘對方的優點，一步步將會回到另一個真實世界去，才能感受到真正的快樂和幸福。

感情線短直無支線，尾端尖

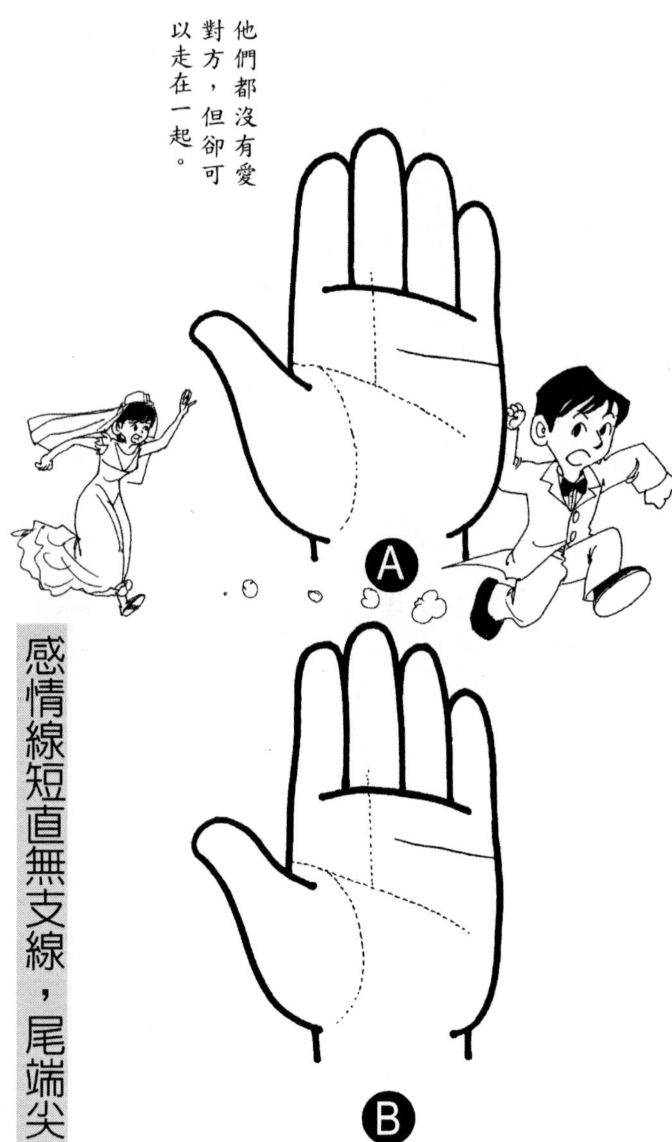


感情線短直無支線，尾端尖

## 優劣

上吉　吉　平　下　下下　◎　相愛指數：50

這是一對很特別的愛侶，其特別之處，就是他們都沒有愛對方，但卻可以走在一起，而又不覺得不自然，反而他們若果遇到一個真的喜歡自己的人時，反而覺得的不好受和不自在，並採取逃避的態度不去面對，所謂捨真而取假，實在令人無法想像。

## 性格互補

上吉　吉　平　下　下下　◎　合拍指數：50

其實這一對所謂的愛侶，都沒有多大感情和愛意存在，他們只想著物質和享受，甚為現實，只要大家在一起能夠有利，就不會分開，不過一旦失去利益時，那麼分手便難以避免了。

感情線過長，伸至掌內側

感情線過長，伸至掌內側

## 優劣

上吉　吉　平　下　下下

◎ 相愛指數：80

可以說這一雙戀人是天作之合了，倘若換了別種線紋配搭，只怕愛情也難以維持太久，因為他們的感情獨佔慾太重太重了，雖然是全心全意去愛對方，但也望收回對方絕對忠心不二的愛，甚至令到對方感到失去自由和有很重壓迫感，但大家的感情一樣便完全沒有問題了，而且愛得如膠似漆，連刀也斬不斷。

## 性格互補

上吉　吉　平　下　下下

◎ 合拍指數：95

正如前面所說，這一對熱戀愛侶，雙方都會很緊張對方，也不讓對方走出自己視線以外，他們就是愛得如此霸道，但因為雙方在最初能適應這種愛的方式，漸漸地便會產生絕對信任來，當信任生起，便再沒有先前的那種不正常行為，及那種愛的方程式了，接下來的是彼此互相尊重和真誠的愛意，他們幸福的人生便由此而來了。

## 感情線分裂開

雙方都是受刺激和喜歡冒險。

## 感情線分裂開

## 優劣

上吉　吉　平　**下**　下下

◎相愛指數：50

相信這是一對最不敢恭維的愛侶了，因為雙方都是受刺激和喜歡冒險的人，一個已不得了，兩人走在一起，正所謂天不怕地不怕，甚麼危險的玩意都敢去嘗試，雖然可以藉此帶來不少刺激和樂趣，但別忘記歡樂背後所隱藏的，往往就是難以估計的危機呢。

## 性格互補

上吉　吉　平　下⇩**下下**

◎合拍指數：40

可以說這樣的一對情侶，非但不能夠「性格互補」，更會相反地「性格互累」呢！因為雙方都把自己的不良性格帶給了對方，更加不懂得收斂，遲早定必闖下彌天大禍來，還是及早回頭，收心養性，找些正確的興趣為妙。

## 感情線有島紋

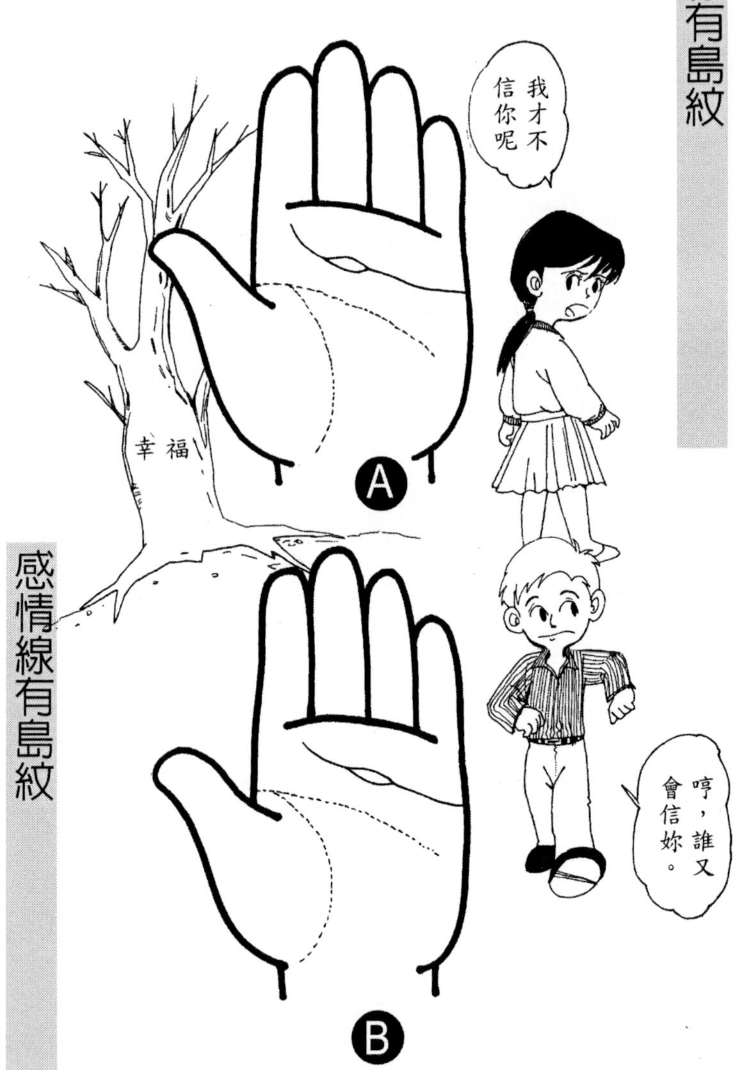

## 優劣

上吉　吉　平　下　下下

◎相愛指數：50

這是一對感情多挫折和很複雜的戀人，可能需要經過很多次的離離合合，才能真正的了解和信任對方，但中間可能是一段很漫長的愛情長跑，如果不夠耐性的話，便無法跑到終點了。

## 性格互補

上吉　吉　平　下　下下

◎合拍指數：68

因為雙方都早在愛情道路上碰過壁，受過傷，又或是出身的家庭背景太複雜，父母離異等，自小便飽受心靈上的創傷，因此長大後又遇到一個同病相憐的人，必然會問題多多，如果大家能夠互相扶持，互助互愛，定可以經得起時間的考驗，但過程可能很曲折艱辛，只要抱著美好的希望，將來必定雙雙戰勝心魔，重拾幸福的。

感情線尾端有多條支線

無恆心

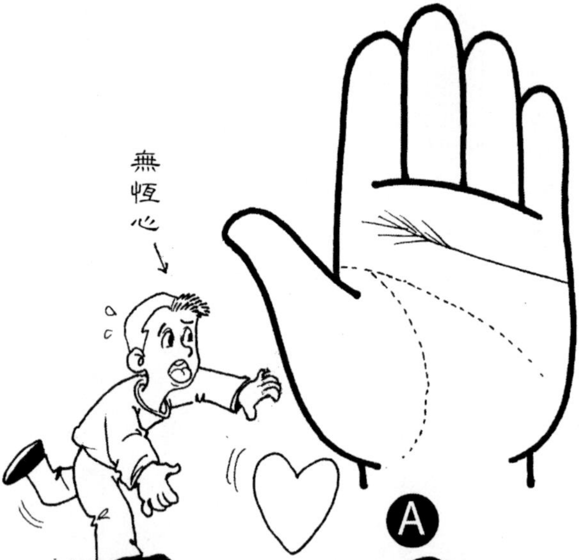

A

感情線尾端有多條支線

花心

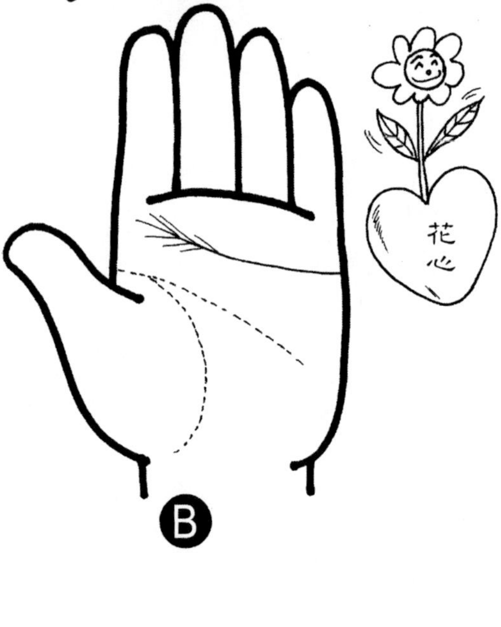

B

## 優劣

上吉　吉　平　下　下下

◎相愛指數：40

這對戀人愛得實在有點不像話，因為他們都不單止擁有彼方一個心上人，可以同時擁有幾個也不足為奇，奇就奇在他們這樣也可以相處下去，有時候愛情的真真假假，落在這對戀人身上時，會搞得糢糊不清。

## 性格互補

上吉　吉　平　下　下下

◎合拍指數：65

其實他們也不是無情無義之人，只不過內心有太多的慾望不能滿足，以盲目地追求的方式來證明自我的存在，其實這是一種迷失自我的行為心理，只要雙方都了解這一點，明白真我和真情是什麼的時候，把一夥「花心」收起來，專注於對方，未嘗不可以雙手開創美好的未來。

## 鎖鍊紋感情線

棋鼓相當，不分高下的一對。

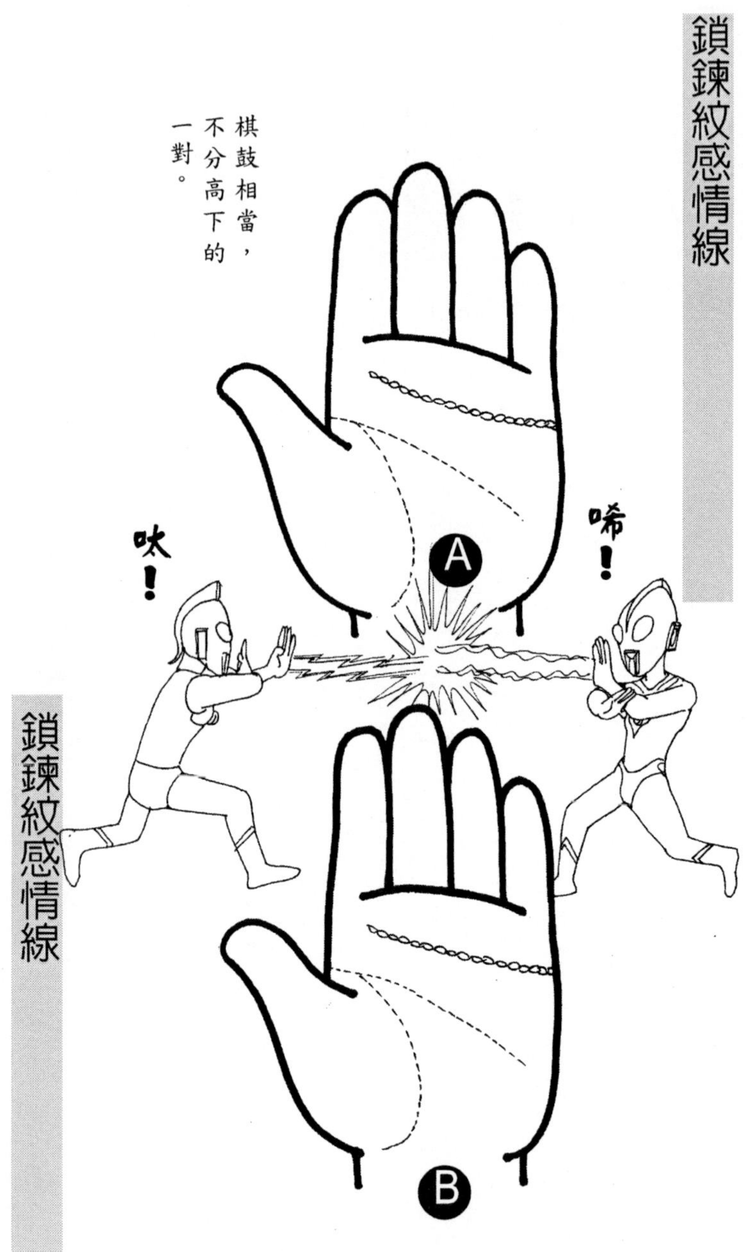


鎖鍊紋感情線

## 優劣

上吉 吉 平 下 下下

◎ 相愛指數：60

雙雙都同樣是生有「鎖鍊紋」感情線的人，男的風流女的多情，可以說都是情場高手，大家都在玩著同一種的愛情把戲，不過棋鼓相當，不分高下，彼此也只是欣賞對方的手段而喜歡對方而已，講到「真愛」，還差得太遠。

## 性格互補

上吉 吉 平 ⇧ 下 下下

◎ 合拍指數：60

講到合拍，這對戀人相當合拍，在別人眼中根本不會看好他們，而事實上他們彼此的私生活也很不檢點，不論是婚前婚後都會到處留情，各有各尋歡心去，不過在外面玩厭了又會回到對方身邊，就是這樣地共同生活下去，在旁人眼中可能不屑一顧，但在他們來說是來得無拘無束又灑脫的呢！

## 斷斷續續感情線

越搞越亂，三角、四角戀愛可能會在這時候出現。

## 斷斷續續感情線

## 優劣

上吉　吉　平　下　下下

◎ 相愛指數：50

若論感情之複雜和多變，那麼非這對愛侶莫屬了，他們之間互相存在著種種問題，糾纏不清，而且會越搞越亂，三角、四角戀愛可能會在這時候出現，導致無法收拾。

## 性格互補

上吉　吉　平　下　下下

◎ 合拍指數：70

有一個秘訣可以推介給這一對戀人的，保証可以令他們的愛情能夠順利過渡，就是大家找一種共同興趣，把精神集中起來，而且最好是有關於藝術方面的，因為他們都是具有藝術潛質的人，只要發掘出來便可以由共同努力，想像力便發揮得淋漓盡至了，到時候雙方的愛亦會跟著提升。

# 感情、頭腦線和生命線相連結

不理智、容易衝動又太過執著於愛情，為了愛情4他可以做出很多傻事來。

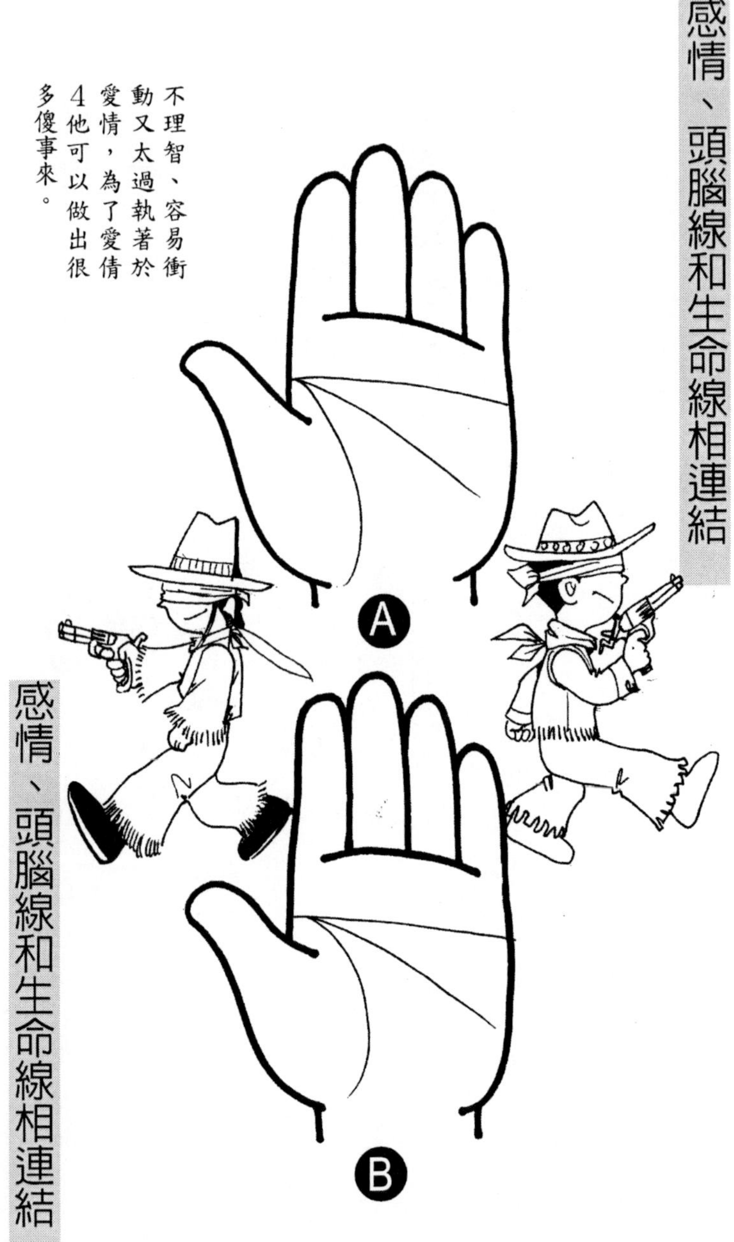


感情、頭腦線和生命線相連結

## 優劣

上吉　吉　平　下　下下

◎ 相愛指數：60

這對戀人兩方面都是不理智的人，容易衝動，又太過執著於愛情，為了愛倩他可以做出很多傻事來，此刻雙方都帶有此種性格時，便會形成一個一觸即發、不可收拾的局面了，除非是相安無事，倘若有什麼誤會出現之時，雙方都會喪失理智，做出難以想像的事來了。

## 性格互補

上吉　吉　平　下　下下

◎ 合拍指數：50

這類人嚴格來說是不適宜談戀愛的，因為他太過盲目去執著於對方了，有時候會迫得對方透不過氣來。因此他們都有需要去學習什麼才是「愛」，否則愛的反面便「恨」了。而且他們也有必要找一些正確的宗教信仰，來把本身的心懷洗滌一下。

## 感情線波浪形

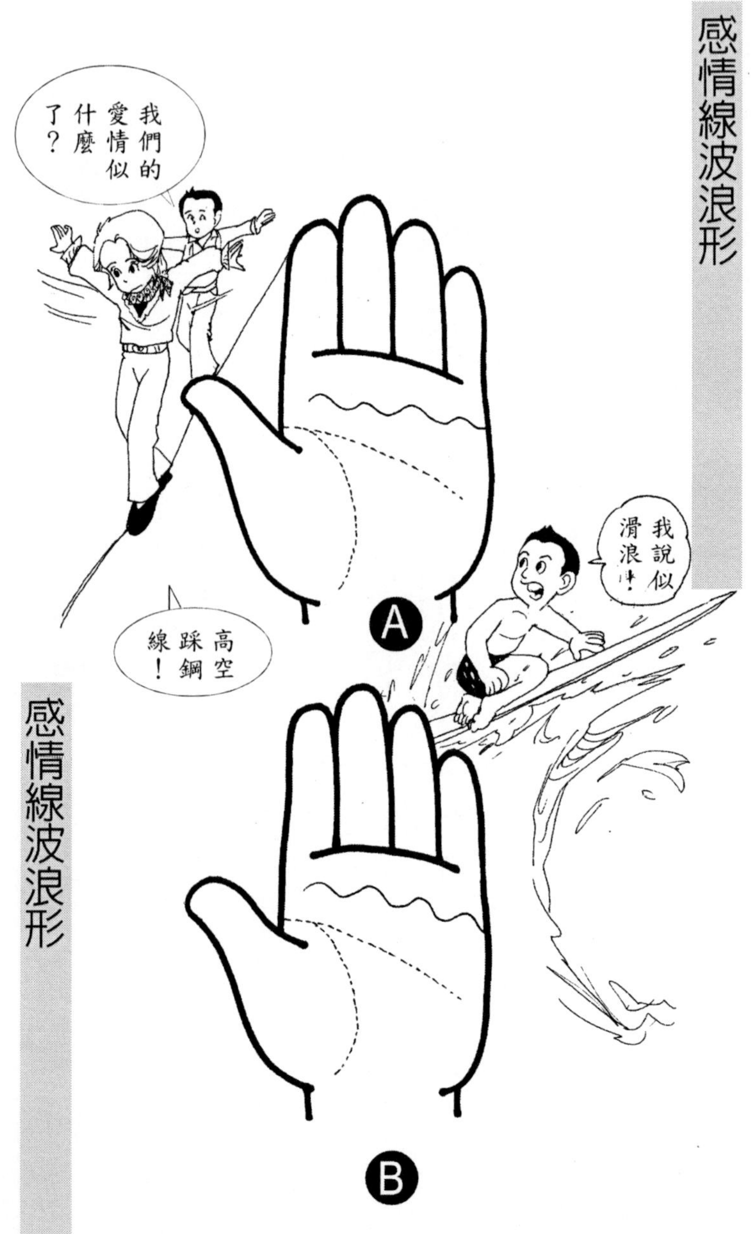


## 感情線波浪形

**優劣**

上吉　吉　平　下　下下

◎ 相愛指數：50

這是最起伏不定，最精彩和最戲劇性的一對，他們的相遇，相愛，以致相結合，相信都是經歷了一段又一段曲折離奇、出人意表之故事，簡直可以用之拍成電影，搬上銀幕去，又或者寫成愛情小說，保証可以大收旺場之效，最曲折的愛情，未必就適應現實世界，他們可能是虛情假意的一對呢！

**性格互補**

上吉　吉　平　下　下下

◎ 合拍指數：50

這種情愛帶有虛假的情況，其實每每發生在現實裡，雖然那是一個很美麗和精彩的故事，但卻沒有一份對彼方的關心，就算多麼精彩也只能夠表面相愛而已，他們只能在這麼波濤洶湧之中，卻難以去享受片刻安靜和平凡的愛意，走在一起卻欠缺真誠的愛。

感情線粗淺模糊

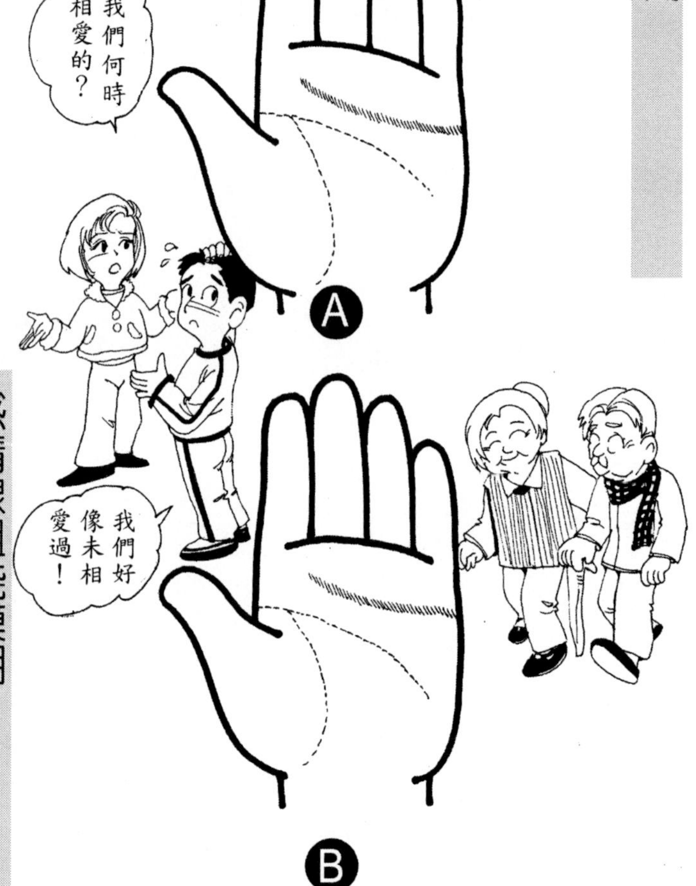


感情線粗淺模糊

## 優劣

上吉　吉　平　下　下下

◎相愛指數：60

這可以說是最胡塗的一對戀人了，何解？因為他們都是做人得過且過的，就算是雙方拍起拖來，也是抱著年晚煎堆，人有我有的心態，彼此甚至不了解對方，更不用問他到底愛對方的什麼了，總之是有點矇矇查查。古時興盲婚啞嫁沒話可說，想不到時至現代也有這種情況出現呢。

## 性格互補

上吉　吉　平　下　下下

◎合拍指數：70

不過話得說回來，現今世界的所謂自由戀愛是否就必定天長地久呢？這又不是，反而是這種簡單而純真，無利害衝突的愛情，可以恆久，只要大家相處一段時間，便會日久情深，他們不需要很多變化和熱烈的愛，只需要平平淡淡和穩定發展的愛便已足夠了。

感情線太過深刻

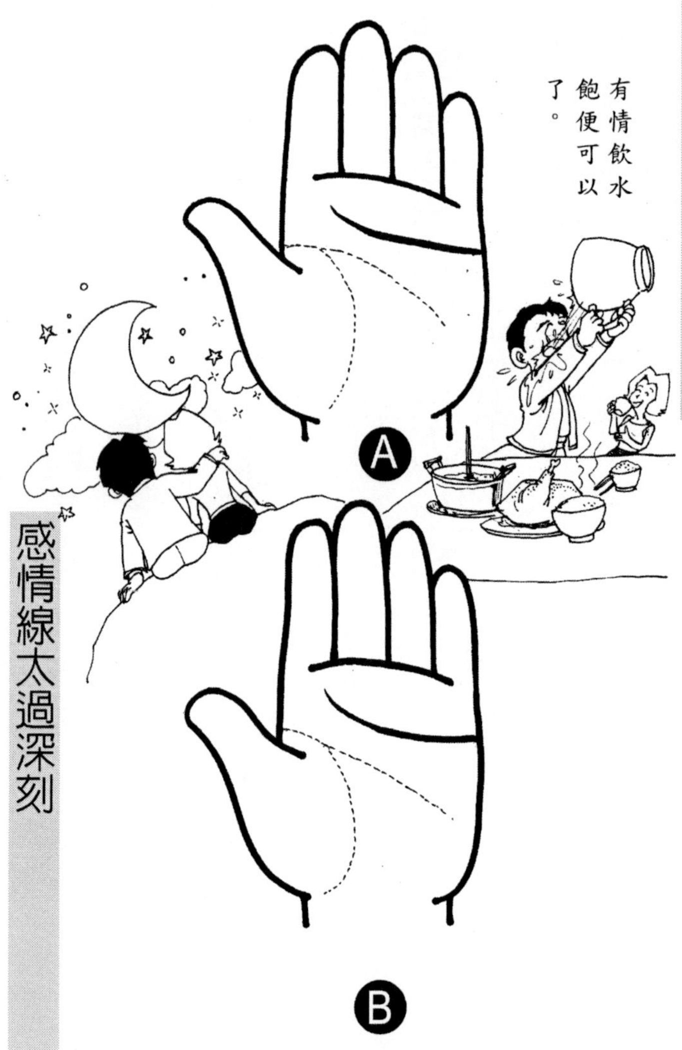


感情線太過深刻

## 優劣

上吉 吉 平 下 下下

◎相愛指數：60

由於雙方都是感情至上，有情可以飲水飽的人，因此他們的相遇，可說是天作之合了，在一般人來說，他們的熱戀程度，簡直有點令人吃不消，他們除了朝夕相對，形影不離外，更不理生活，不管人家對他們怎樣看法，因此很容易令到親朋戚友們擔心他們太沉迷在戀愛中，不能應付現實生活中的種種問題，包括經濟。

## 性格互補

上吉 吉 平 下 下下

◎合拍指數：80

其實大可以不用太為這對愛侶擔心，他們雖然是過份地迷戀對方和對愛情表現得過於熾熱，但他們都是性情中人，而且有創作和藝術天份，只要彼此互相扶持，終會找到一份合適自己的工作，且有相當成就，是絕對能夠運用愛情力量加進事業的一對戀人。

## 頭腦線長出短小向上線

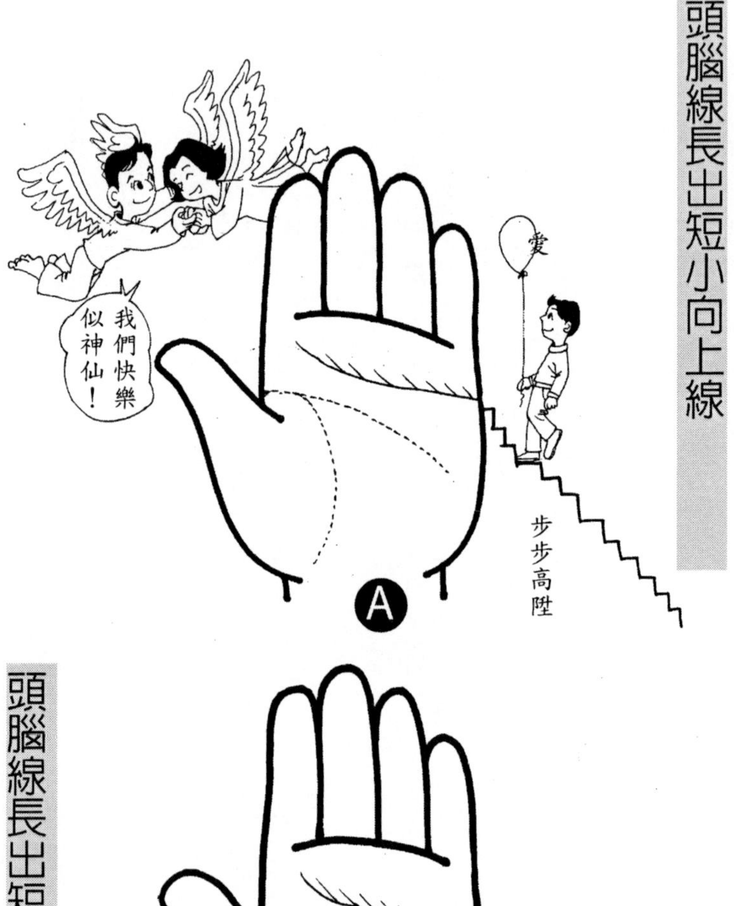

## 頭腦線長出短小向上線

B

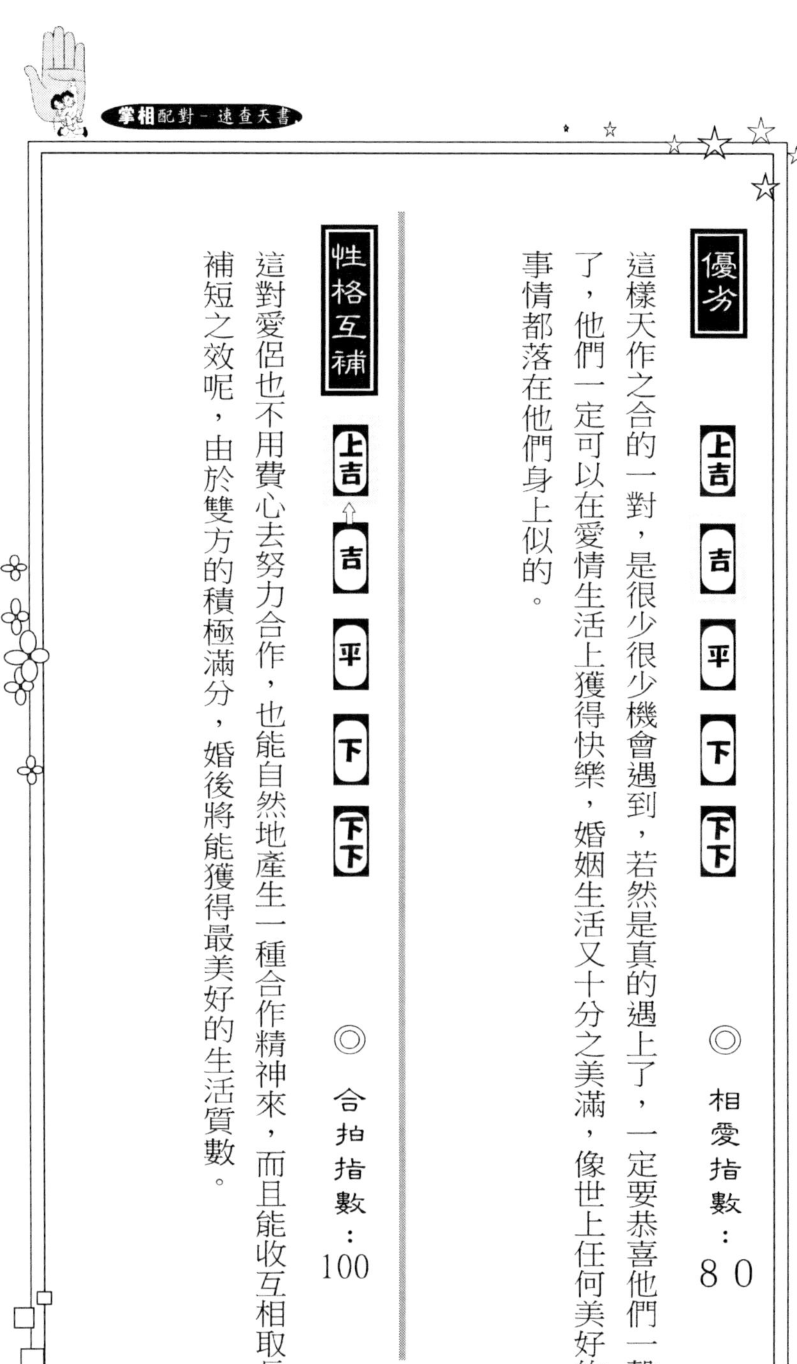

**優劣**

上吉　吉　平　下　下下

◎相愛指數：80

這樣天作之合的一對，是很少很少機會遇到，若然是真的遇上了，一定要恭喜他們一聲了，他們一定可以在愛情生活上獲得快樂，婚姻生活又十分之美滿，像世上任何美好的事情都落在他們身上似的。

**性格互補**

上吉　吉　平　下　下下

◎合拍指數：100

這對愛侶也不用費心去努力合作，也能自然地產生一種合作精神來，而且能收互相取長補短之效呢，由於雙方的積極滿分，婚後將能獲得最美好的生活質數。

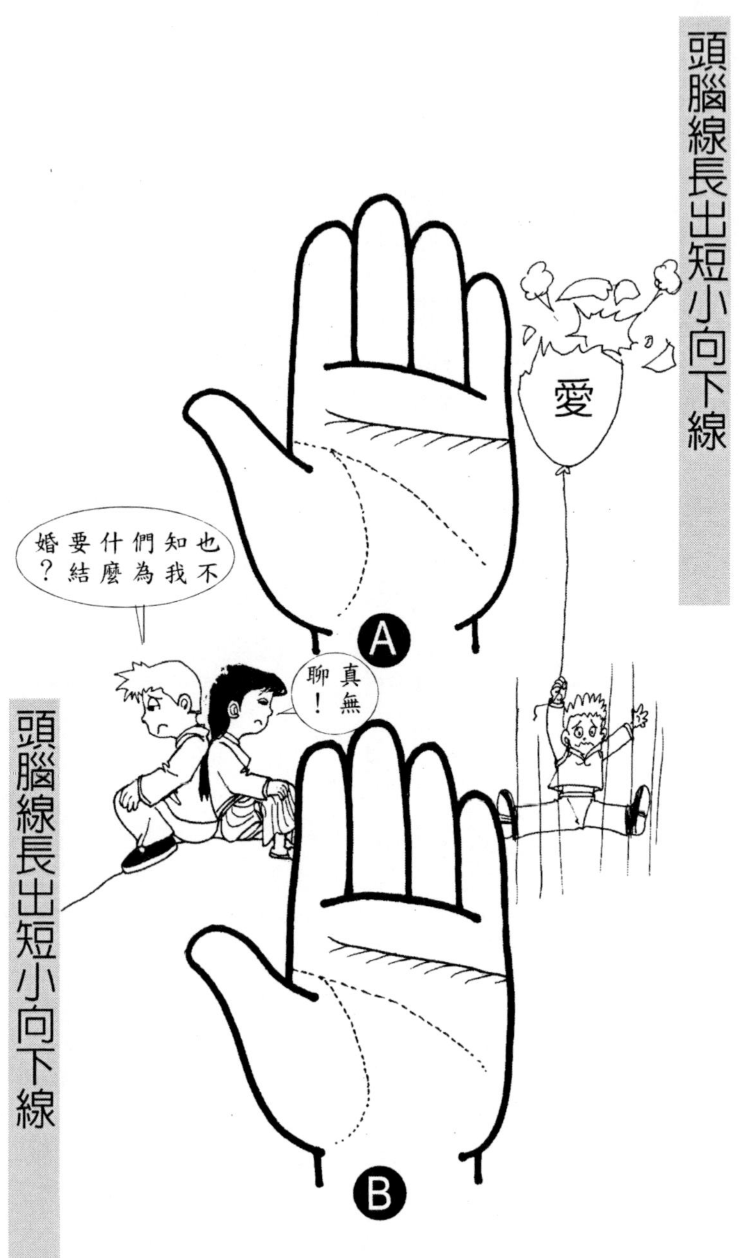
頭腦線長出短小向下線
愛
也不知我們為什麼要結婚？
真無聊！
A
頭腦線長出短小向下線
B

## 優劣

上吉　吉　平　下　下下

◎相愛指數：55

這樣的一對戀人走在一起，反映出互相猜忌和互不信任，他們都不懂得愛情的真義所在，一時間覺得彼此都是同病相憐的人，在惺惺相惜的情況底下產生愛意，但卻經不起時間的考驗，一產生問題便採取消極逃避的反向思想，又如何能夠愛得深刻呢？

## 性格互補

上吉　吉　平　下　下下

◎合拍指數：50

若然相方都抱持著消極的思想，那將絕對不能獲得美滿幸福的生活，只有彼此都把內心的互不信任拋開，這才有前景可言，最好是在性格上從根本去改變一下，多點向積極樂觀方面想，尤其要多點接近一些積極樂觀的人，向他們多多學習，盡量多交這類朋友，是絕對有百利而無一害。

## 感情線尾端落在食指下

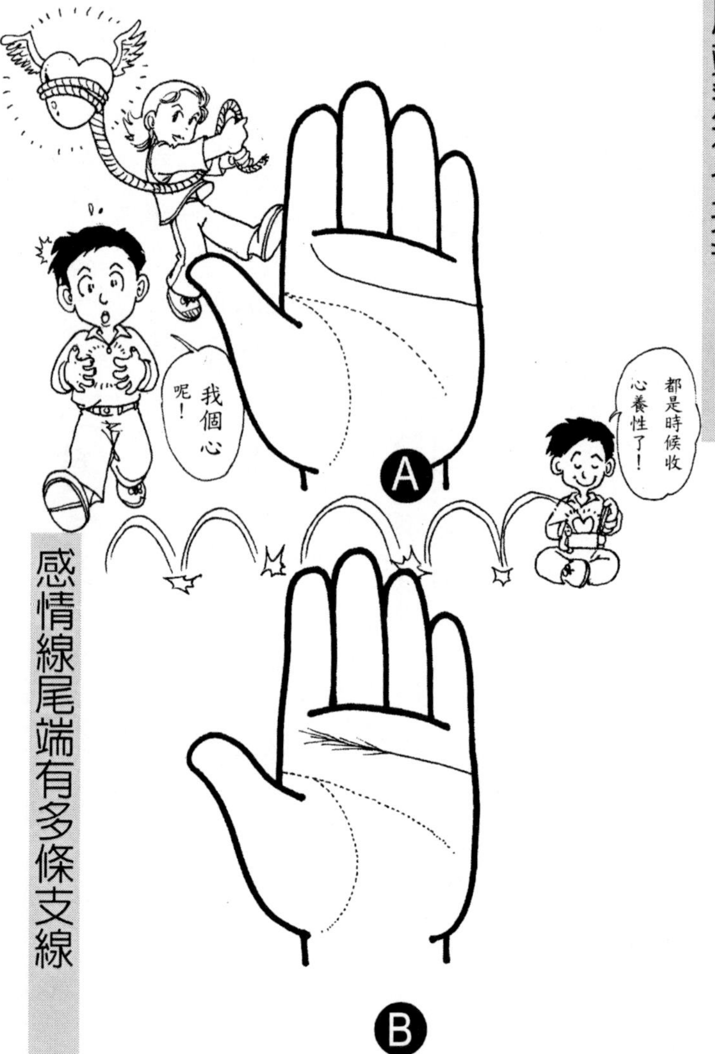


## 感情線尾端有多條支線

## 優劣

上吉 吉 平 下 下下

◎相愛指數：60

這樣的一對戀人真的有點不合理，A方往往所付出的都遠遠超過對A方，對於愛情，A方抱著熱切和真誠，相反B方卻心多多，不專注於對方，又不珍惜自己眼前所擁有的幸福。只不停地往外追尋，反而不向內反省，漸漸地把對方疏忽了。

## 性格互補

上吉 吉 平 下 下下

◎合拍指數：78

最好的補救方法，是要A、B雙方都將目前形勢扭轉過來，才得以真正領略到真愛的存在，A方不要再只懂得付出，要學會把自己放高一線，而B方則不能再永遠做一個受惠者，要別人對自己好，首先便要自己對人好，這樣才是正常的愛情交往態度，切勿再有任何一方面盲目地付出了。

## 感情線過長，伸至掌邊

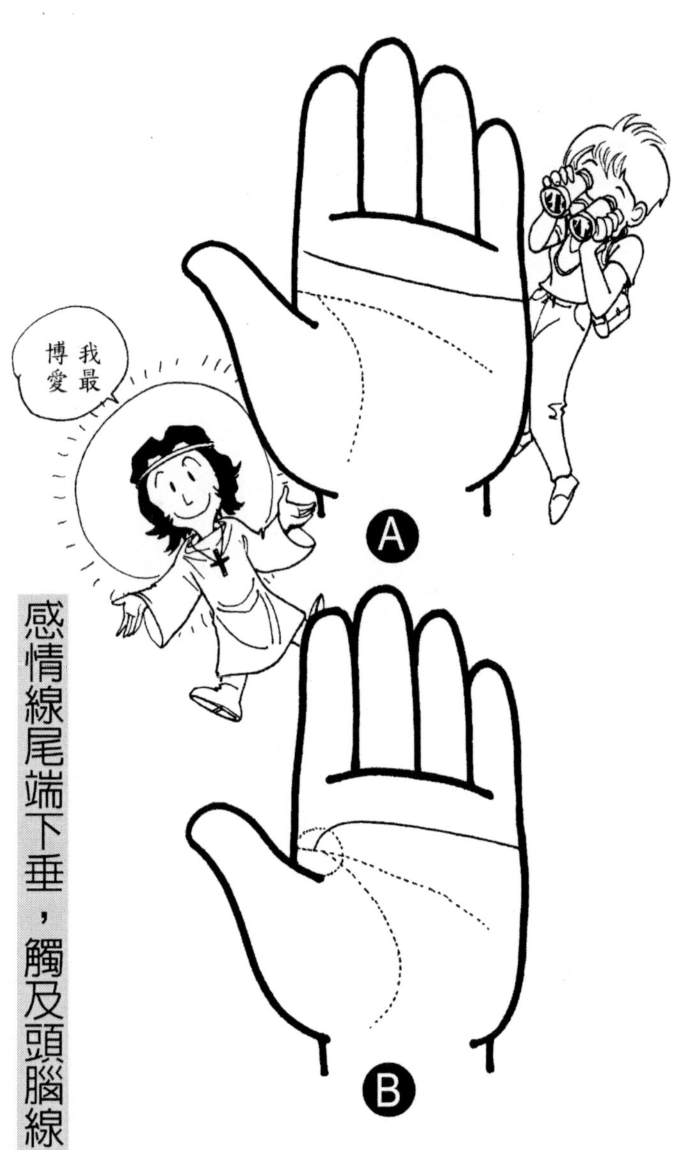


## 感情線尾端下垂，觸及頭腦線

## 優劣

上吉 吉 平 下 下下

◎ 相愛指數：55

這對戀人有一點是很特別的，便是A方像永遠想把對方綁死似的，但誰不知他只能把B方的人綁住，卻綁不了他的心，最後也只落得難以收拾的局面，因為B方太容易墜入情網了，因而引發出誤會來，幸好A方是個死心不息的人，到最終還是可以抱著最初的熱情，但愛意可能會變質呢。

## 性格互補

上吉 吉 ⇧ 平 下 下下

◎ 合拍指數：75

這雙愛侶的問題在於一方收得太緊，而令B方只好表面順從他，內心卻在向外亂跑，以致愛情像捉迷藏一般難分真假。因此A方應首先放下那夥要綁住別人，完全忠於自己的心態，而B方鬆了一口氣後也不可放縱自己，只要雙方肯克制，未嘗不可締造一段美好良緣。

頭腦線長出短小向上線

感情線有島紋

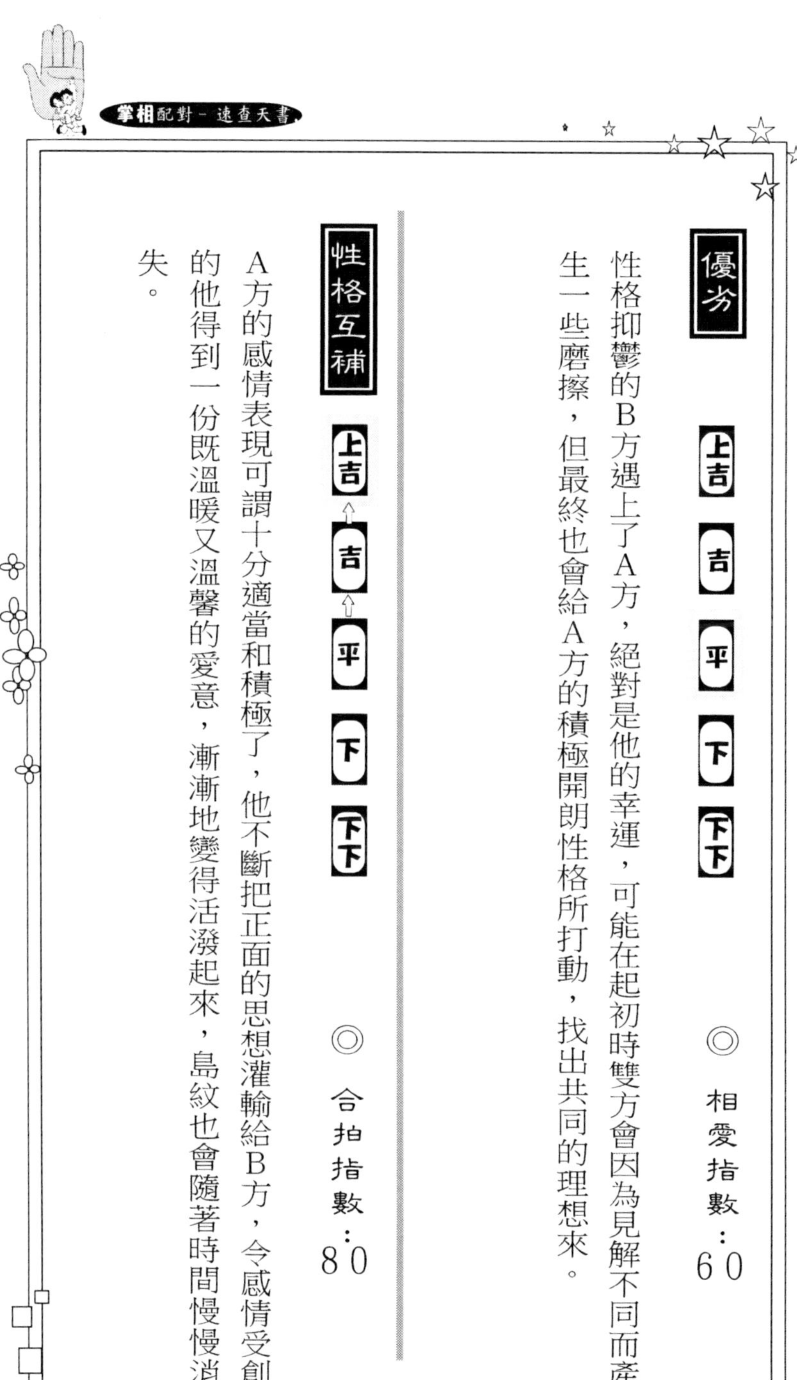

## 優劣

上吉　吉　平　下　下下

◎ 相愛指數：60

性格抑鬱的B方遇上了A方，絕對是他的幸運，可能在起初時雙方會因為見解不同而產生一些磨擦，但最終也會給A方的積極開朗性格所打動，找出共同的理想來。

## 性格互補

上吉　吉　平　下　下下

◎ 合拍指數：80

A方的感情表現可謂十分適當和積極了，他不斷把正面的思想灌輸給B方，令感情受創的他得到一份既溫暖又溫馨的愛意，漸漸地變得活潑起來，島紋也會隨著時間慢慢消失。

## 感情線尾端落在食指下

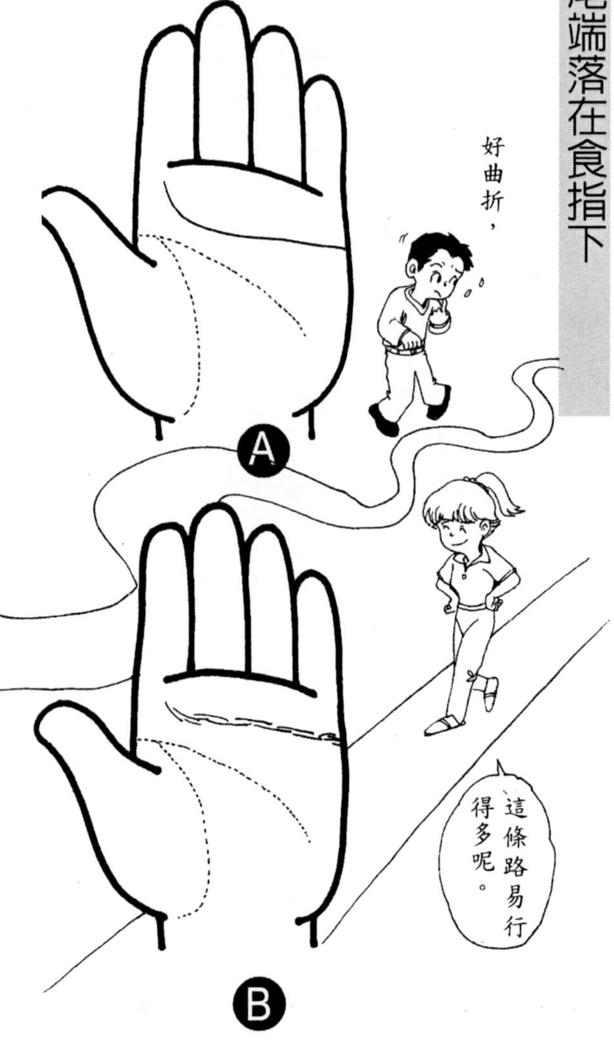


## 感情線尾端斷斷續續感情線

**優劣**

上吉　吉　平　下　下下

◎ 相愛指數：60

A方以深厚的感情打動了B方，可惜的是對方的感情實在太曲折而無從捉摸了，這令到一腔熱誠的A方感到苦惱非常，不過最終他也沒有放棄，一邊忍受著B方善變的性格，另一方面以至誠來感動他。

**性格互補**

上吉　吉　平　下　下下

◎ 合拍指數：75

B方應該要好好珍惜A方所帶給他的一切才對，因為只有他才會如此地死心塌地的對你，換著別人，早已把你拋到九霄雲外去了，那還有這麼多的耐性來服待你？因此打從今天開始便需要努力改善自己的惡習了。

## 頭腦線長出短小向下支線

莫再悲莫再傷……

Ⓐ

## 感情線向上彎入食中二指間

Ⓑ

## 優劣

上吉　吉　平　下　下下

◎相愛指數：50

這是一對性格最相反的情侶，他們的發展可能會很極端，一是彼此能夠諒解，否則便完全不能接受對方，當然我們要講的是前者，他們雖然在生活上有太多的細節不能妥協，有時更會互不相讓，弄得很彊，若雙方都能忍一時之氣，繼續相處下去，最後可能發展成，A方自己的活躍社交，而B方則鬱悶地獨處。

## 性格互補

上吉　吉　平　下　下下

◎合拍指數：78

這種相愛方式其實在大都市中是屢見不鮮的，彼此都因為不能適應對方，漸漸變得各走極端，不過A方性格開朗熱情，最能感染到別人，只不過B方較難相處，他會把很多美好的事物都看成一潭死水，令到大好氣氛變得冰冷，因此A方必須先把自己收斂一下，或者先嘗試認同B方，然後再續漸帶引他進入你的世界，這樣定有更好的感情發展。

# 男女輔助線大配對

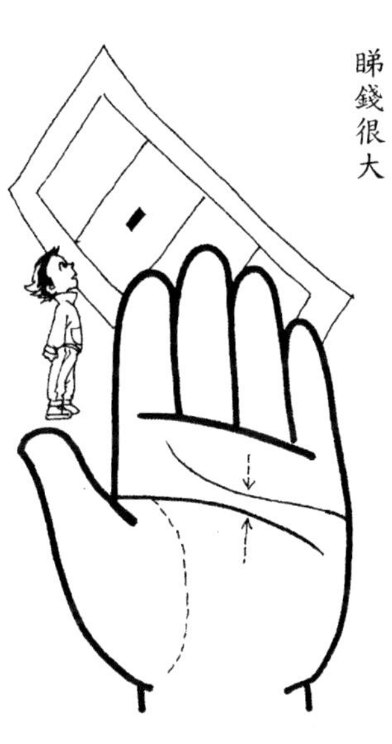


## 感情線與頭腦線生得太接近

這類人最大缺點就是小氣和多疑，因而沒有人喜歡接近他，以免惹上他而麻煩多多。講到金錢，更是看不開和太執著，長期不放鬆自己，只會令身體越來越差，易患氣管、食道、排洩等毛病。

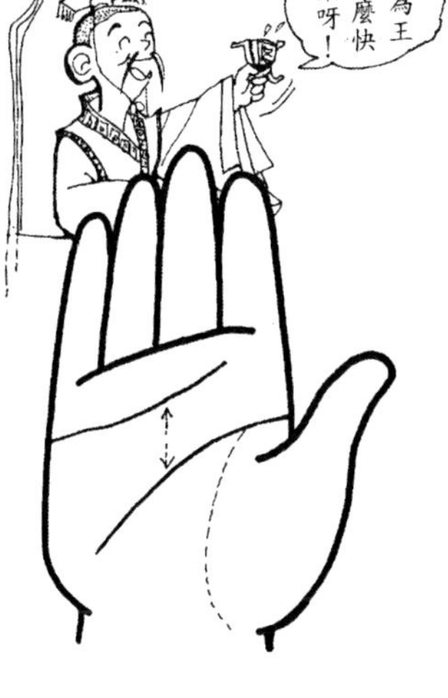


## 感情線與頭腦線分得太開

這種掌相的人，凡事不上心頭，做人得過且過，但講到使錢，他絕不手軟。他的優點是為人豪爽闊綽，不拘小節，抱著做個開心快活人的宗旨。

## 波浪形命運線

這種線的人，一生際遇也會像他這條命運線那樣，搖擺不定，事業每多曲折離奇。性格方面，愛矯揉造作，花樣多多，而且愛投機取巧，因而起跌很大。

堅守原則之性格帶來事業上的成功。

## 長而直命運線

此線長而直指向中指，生得清楚有力，這是個非常之有責任心的人，做每一件事都是不計得失地全力以付。為人坦率剛直，因此容易固執而得失他人，不過他這種堅守原則之性格也容易帶來事業上的成功。

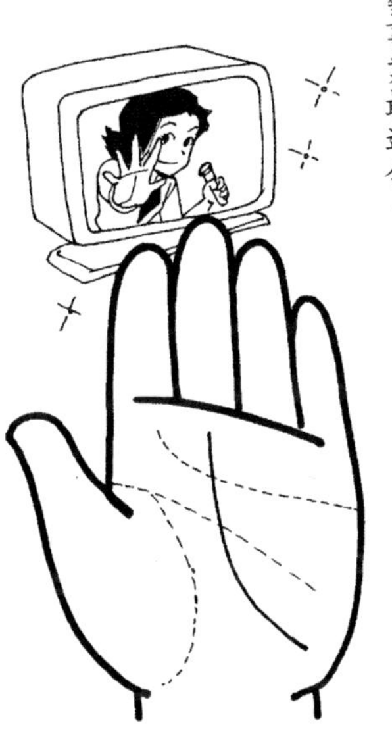


## 由掌邊出發的命運線

這種線紋的人特別會受人注目，也得人喜歡，有貴人扶助，而樣貌又清秀，故從事表演事業，必定有利。這類人聰明且善解人意，事業方面必能比別人容易成功。

從愛情中，獲得不少快樂而難忘的回憶。

## 感情線上現金星帶

金星帶的出現，意味著其人愛美主義，神經過敏但卻生得一副如花美貌或俊俏臉孔，故甚受得異性歡心。這類人情感較為複雜，比一般的人多愛多恨，但卻可從愛情之中，獲得不少快樂而難忘的回憶。

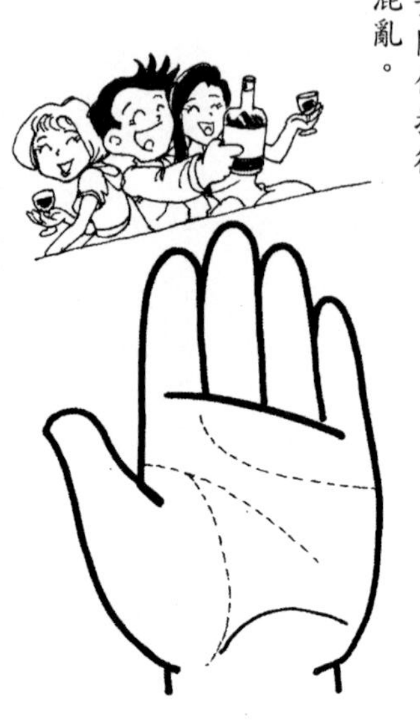


## 掌底向下弧形的放縱線

並非每個人掌中都有這條線，而此線的出現即表示其人放任，喜歡夜生活和酗酒和放縱自己。

此外，他在男女關係方面，會搞得很混亂，必須要好好在行為修養上下點功夫。

錢財運易散難聚。

## 斷碎太陽線

這種線表示其人生活的方法有問題，精神生活貧乏之餘，又欠缺物質方面的享受，因為這條線又名「財運線」，主管財運，散碎者財亦易散難聚。

此外，這條線又代表享受和生活情趣，斷續不清表示無法獲得安居樂業。

有文藝、修養，有品味。

# 清晰的太陽線

有長而清的太陽線，代表有光輝美滿的人生，主有文藝、修養，有品味，又懂得享受人生。財運方面將可獲財富，且能享受由財富所帶來的快樂。講到性格是個愛美者，尤其在藝術界發展更大有可為。

直覺能力異常的高。

# 清晰的交際線

有這條又清晰，又長和直的線紋，主甚有交際能力，處事圓滑，懂得變通，可以成為一個傑出的外交家。

這線又名直覺線，代表直覺能力異常的高，因此每多先知先覺，樣樣快人一步，因而獲得很重大之成功。

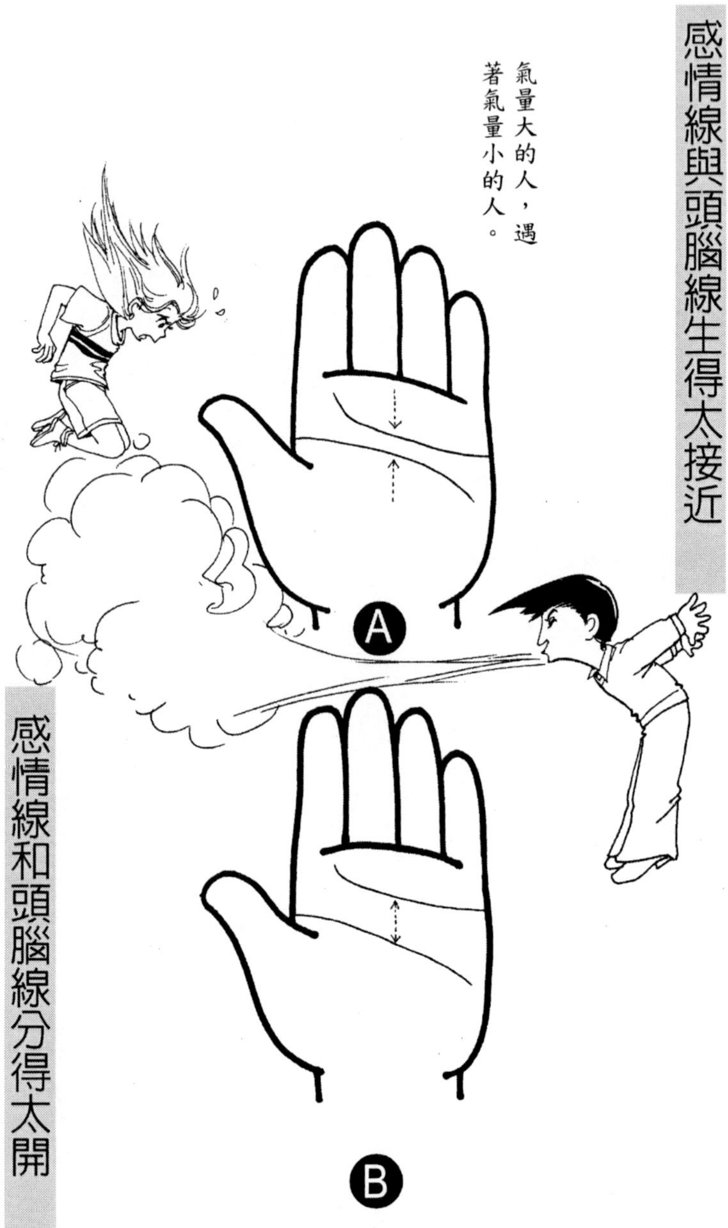
感情線與頭腦線生得太接近
氣量大的人，遇著氣量小的人。
A
感情線和頭腦線分得太開
B

## 優劣

上吉 吉 平 下 下下

◎相愛指數：60

這對可以說是歡喜冤家，A方的氣量太狹小，可以因為一些芝麻綠豆的小事情而糾纏不休，B方卻表現得落落大方，有時甚至會給大家佔了便宜也可以一笑置之。問題便因此而起了，他們之間常會因為這種處事態度的不同而弄得很不愉快。

## 性格互補

上吉 吉 平 下 下下

◎合拍指數：80

說到要以長處來彌補對方的短處，那非要B方努力不可了，何解？因為他最能原諒別人，雖然眼見小氣的A方，但還是保持著一貫的寬宏大量，很少與他計較，只要繼續朝著這個方向，很快便可以把對方潛移默化，性格亦逐漸地寬厚起來。

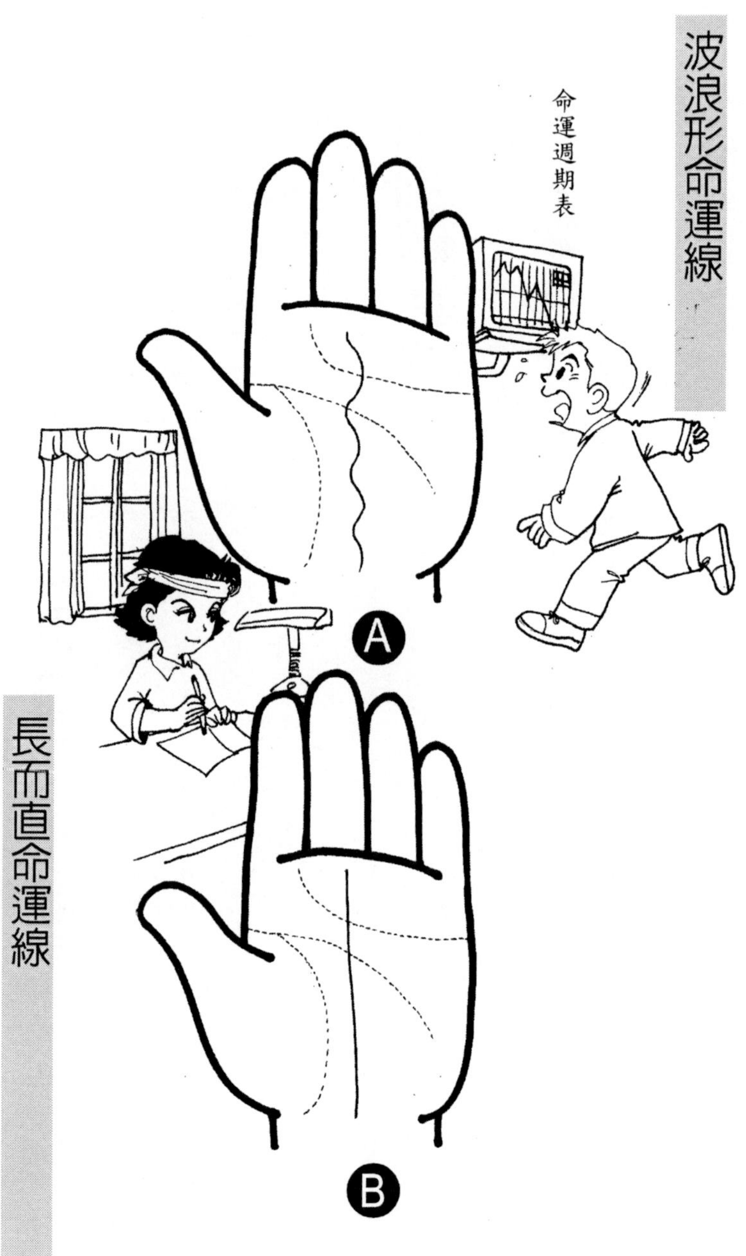
波浪形命運線
命運週期表
A
長而直命運線
B

## 優劣

上吉　吉　平　下　下下

◎ 相愛指數：60

這樣一對愛侶出現問題，往往是令人難以理解的，他們一個踏實做人，努力工作，一切也是循規蹈矩，按部就班的，另一個（B方）則好高慕遠，舉止輕浮。A方他一直也看不順眼B方的死板做人方式，因此經常也會想一些鬼主意出來，要得A方應付不了，兩人的感情也因此而不能再進一步。

## 性格互補

上吉　吉　平　下　下下

◎ 合拍指數：60

要扭轉這種局面，非要B方痛下決心不可，再不要完全的遷就對方，必須想出種種辦法來應付花樣多多的A方，不過以A方忠忠直直的性格是很難做到此點的，因此失敗了就只好把全副精神放到事業上去，有朝一日，B方會烏倦知還的。

## 由掌邊出發的命運線

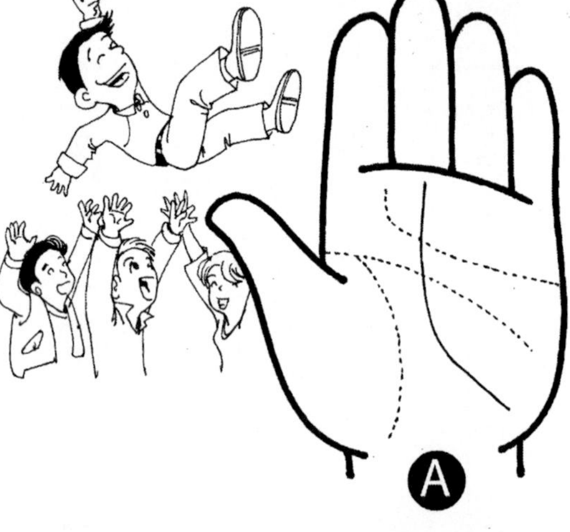


最愛得精彩一對。

## 感情線上現金星帶

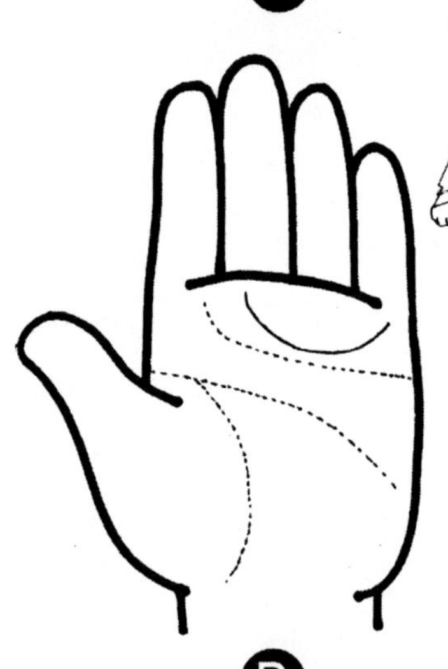

## 優劣

上吉　吉　平　下　下下

◎相愛指數：80

這一對愛侶可說是最愛得精彩一對了，他們性格都很好動，一個活力十足，一個則喜歡變化多端的愛情生活，而A方的財運和少年運十分之好，可令B方享受物質生活豐裕之餘，又可以享受滿足的愛情生活。

## 性格互補

上吉　吉　平　下　下下

◎合拍指數：80

B方的性格比較刁鑽，有時候會令A方感到有點吃力，如果B方再不知足，再苦苦苛求的話，A方便會無所適從了，久而久之兩人的感情也受到影響，問題出自B方身上，只要他安於現狀，別太貪心和心存太多幻想，這無疑是一段美好良緣呢！

## 掌底向下弧形的放縱線

不要呀！

A

## 斷碎太陽線

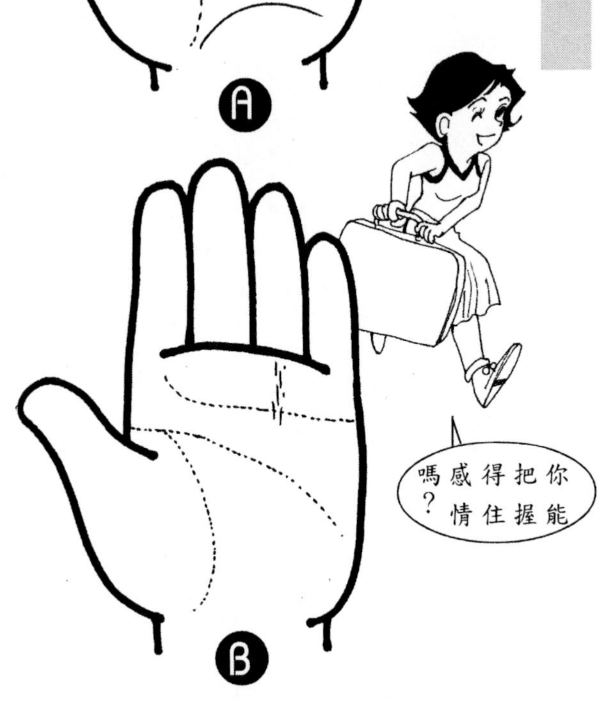

## 優劣

上吉　吉　平　下　下下

◎相愛指數：60

嚴格地說A、B雙方都不太適合隨便談戀愛，更加不適宜輕率結婚，因為A方生活太過放縱，不受管束，而B方則在經濟上時上出現緊縮的情況，環境上、工作上和財政上都不穩定，試問又怎能把握得住感情呢？

## 性格互補

上吉　吉　平⇩下　下下

◎合拍指數：50

這樣的一對情侶，只怕沒有人會看好的了，但最大問題還是出自A方的放縱和任性的行為，令人難以忍受，如果B方能夠容忍的話，這樣感情是可以維持下去的。可惜的是，A方他本身的運氣都不是好到那裡，再加上感情上的沉重打擊，只怕他承受不了，惹來後患無窮。

## 清晰的太陽線

懂得享受人生和開發美好的生活。

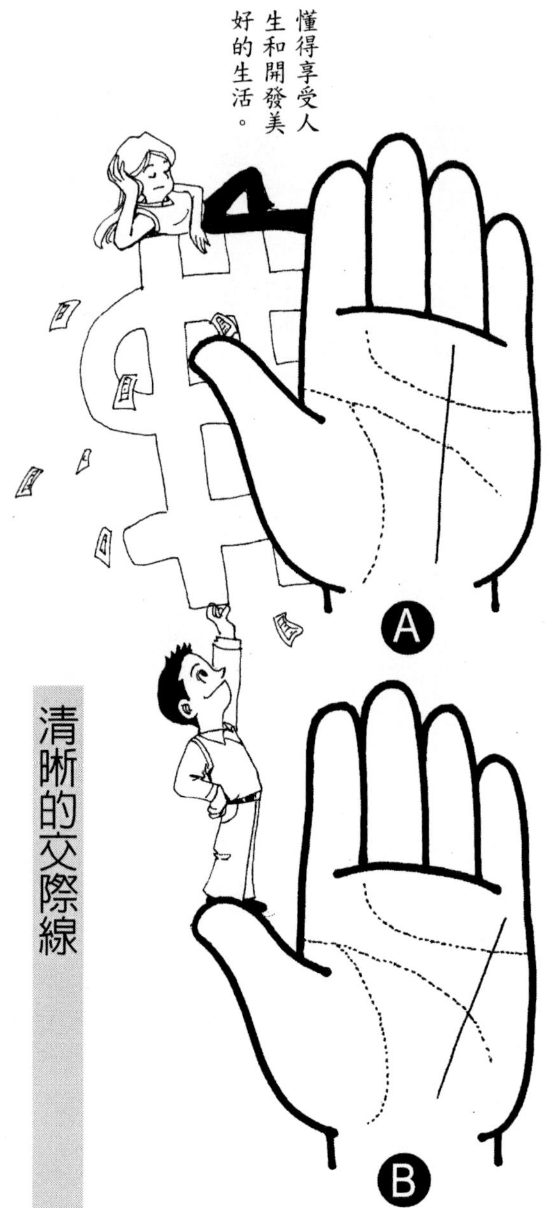


## 清晰的交際線

對於工作實在太過重視了。

優劣

上吉 吉 平 下 下下

◎ 相愛指數：75

這對戀人可以說是最幸福的一對了，他們之間互相呼應，十分之有默契，A方懂得享受人生和開發美好的生活，而B方則善於理財及交際，他們兩人加在一起，無疑地，他們可以發掘出無窮的創造空間，實踐真正的幸福人生。

性格互補

上吉 吉 平 下 下下

◎ 合拍指數：80

這對令人羨慕的情侶，財運好，又會享受所得的豐厚成果，但B方因為有太多的應酬，可能會很少時間陪伴A方，很多時候，A方只得自己去找尋節目，獨個兒享受，因此有時候B方也好應該注意一下自己的工作是否有點過份重視，有的話便要改正了。

# 感情線與頭腦線生得太接近

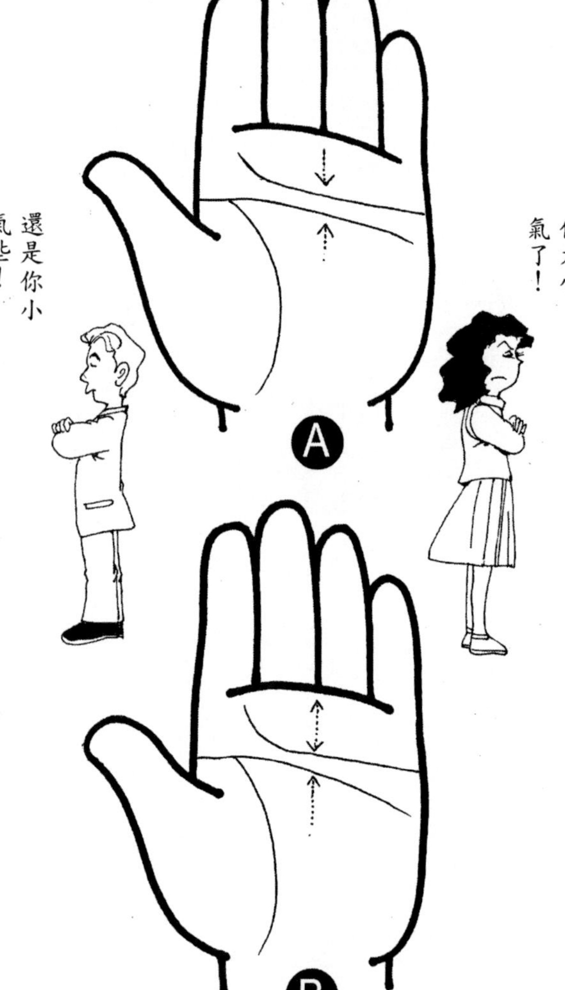


# 感情線與頭腦線生得太接近

## 優劣

上吉　吉　平　下　下下（圈選：下）

◎相愛指數：50

如果相愛在一起，但又不能信任對方，便會產生很多的不愉快事情了，他們之間最終都是因「小氣」累事，在初初認識的時候大家便常常因為一些小事而爭執，各不相讓，這種不利因素繼續讓其增長下去的話，便很難有堅固的愛情了。

## 性格互補

上吉　吉　平　下　下下（下↑平）

◎合拍指數：65

其實這對愛侶只要彼此肯各讓一步，退後反思一下，便能夠令不快的氣氛改善過來，只要彼此互相信任，過了一段時間，當雙方都了解清楚對方，便再沒有這種情形出現了，不過他們還不可以因此而鬆懈，還需要時常警惕的。

## 波浪形命運線

隨時要接受命運的挑戰的一對。

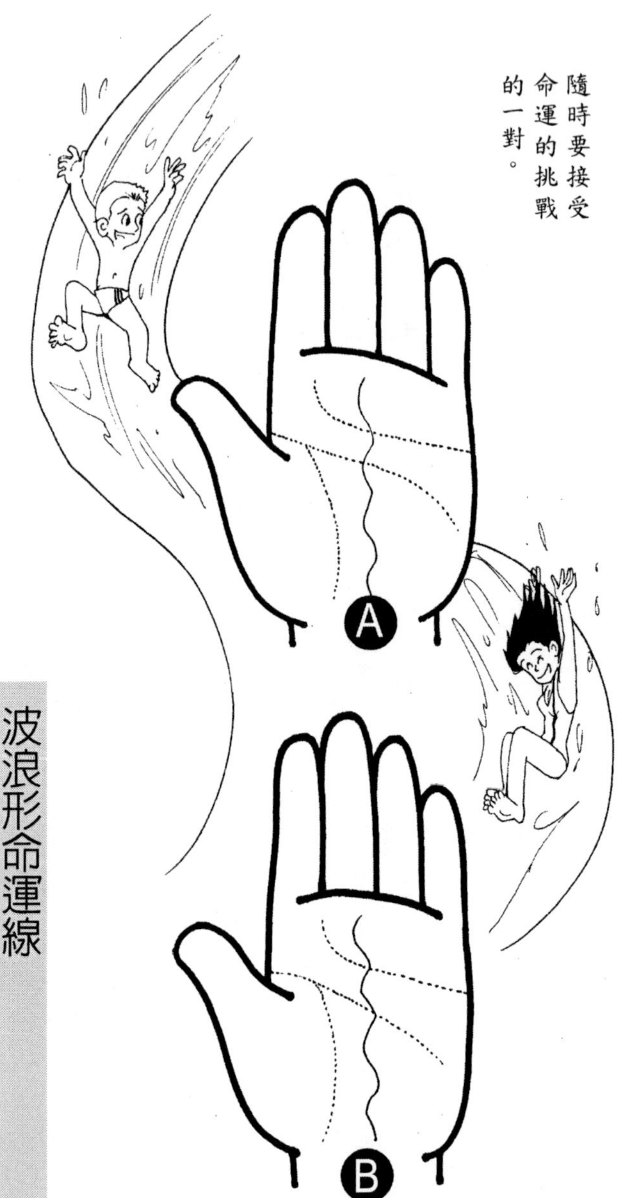

## 優劣

上吉　吉　平　下　下下

◎相愛指數：50

這對愛侶的愛情生活，可以說是在巨浪的邊緣，隨時要接受命運的挑戰，幸而他們都是身經百戰的人，同樣是不怕面對逆境，但當闖過了所有難關時，反而會開始厭倦這段愛情，以致雙方因此會各自再尋找新刺激去。

## 性格互補

上吉　吉　平　下　下下

◎合拍指數：65

當有著這種掌紋的人走在一起時，代表了他們的愛情已進入千變萬化之中了，如果不小心處理彼此間之感情，便會出現不穩定的現象了，因此兩人必須小心處理，不要影響到他們之間的正常生活，如果發現亂了步伐便需要收起急亂的心，安靜下來細心關心對方。

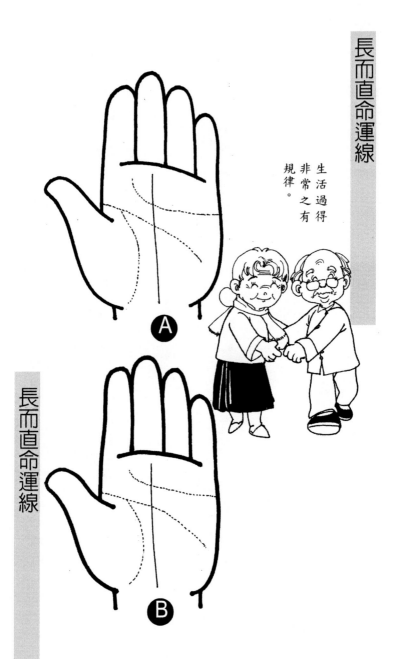

長而直命運線

生活過得非常之有規律。

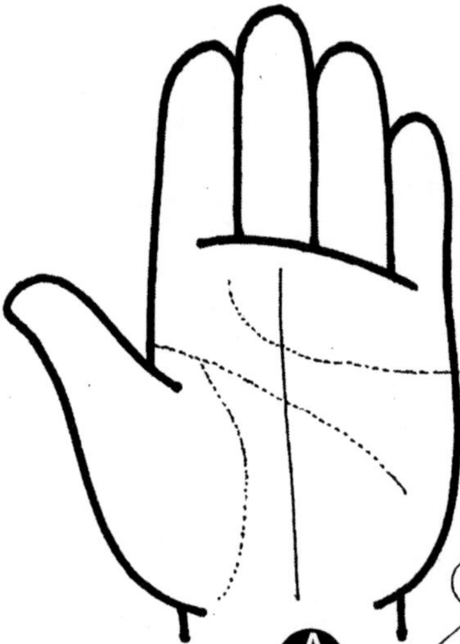

A

長而直命運線

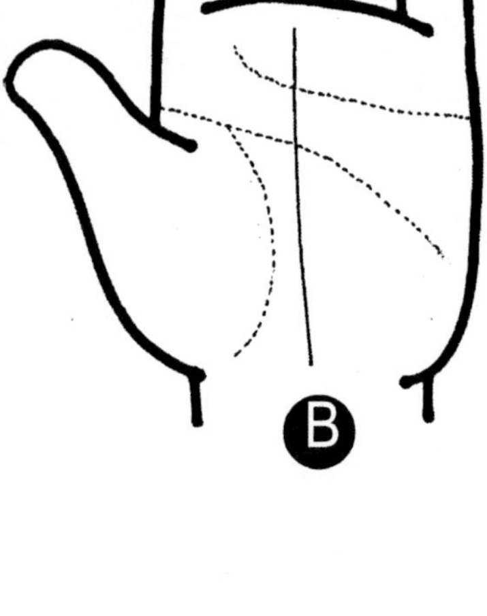

B

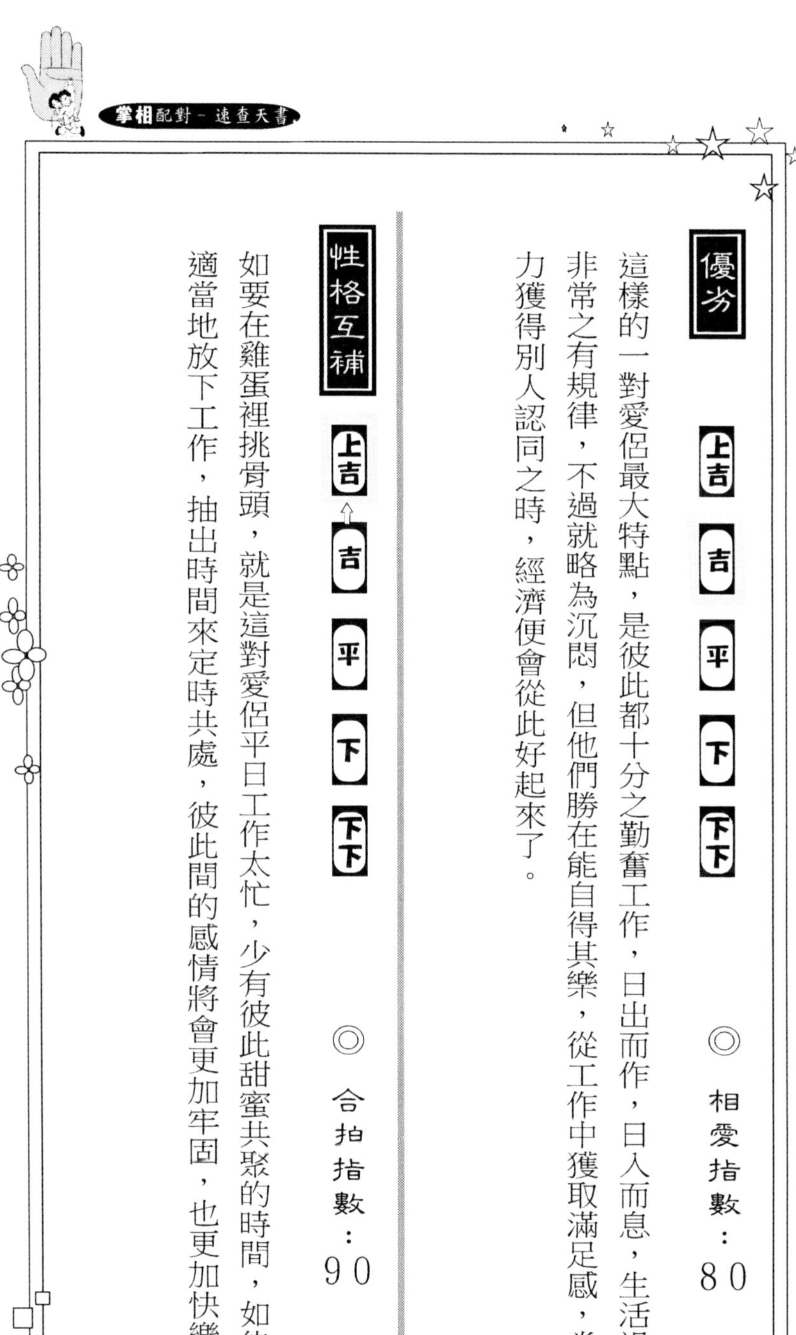

## 優劣

上吉 吉 平 下 下下

◎ 相愛指數：80

這樣的一對愛侶最大特點，是彼此都十分之勤奮工作，日出而作，日入而息，生活過得非常之有規律，不過就略為沉悶，但他們勝在能自得其樂，從工作中獲取滿足感，當努力獲得別人認同之時，經濟便會從此好起來了。

## 性格互補

上吉 吉 平 下 下下

◎ 合拍指數：90

如要在雞蛋裡挑骨頭，就是這對愛侶平日工作太忙，少有彼此甜蜜共聚的時間，如能夠適當地放下工作，抽出時間來定時共處，彼此間的感情將會更加牢固，也更加快樂。

# 男女掌型大配對

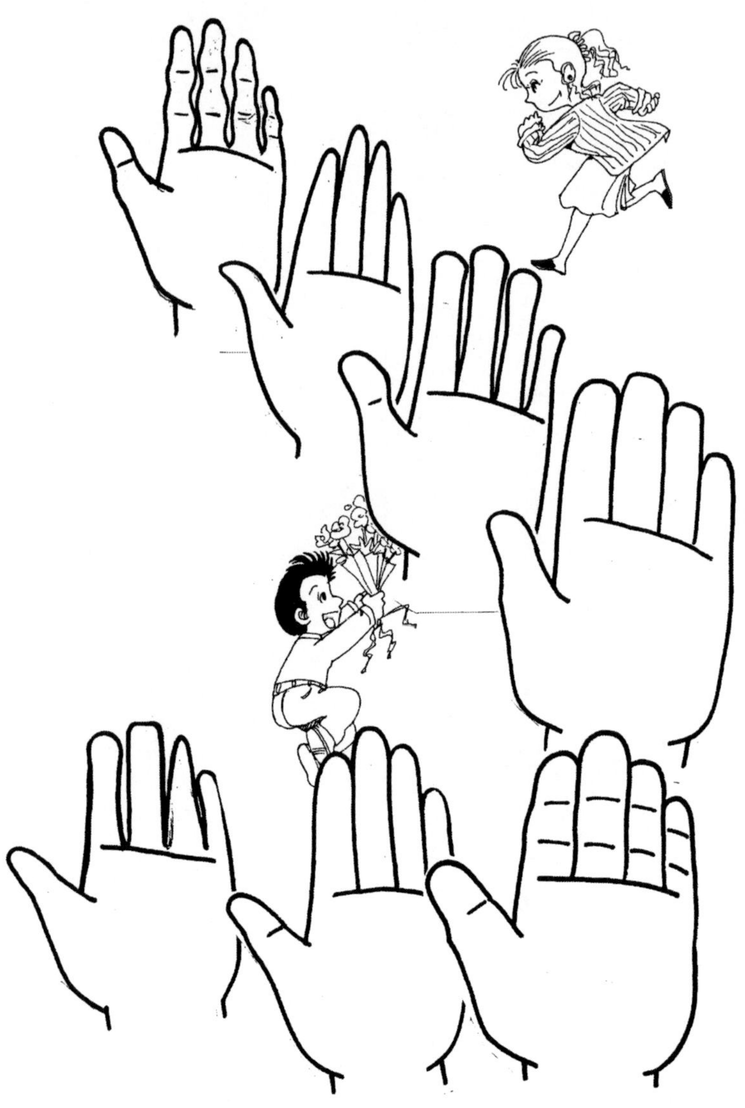

性格屬於踏實和平穩。

## 四方型手

（優點）此種掌型，無論是指或掌都是四四方方的，性格屬於踏實和平穩，實事求事，不會虛浮，意志堅定，是一個典型的實業家型。

（缺點）為人硬直，感受性不強，藝術和創造力薄弱。

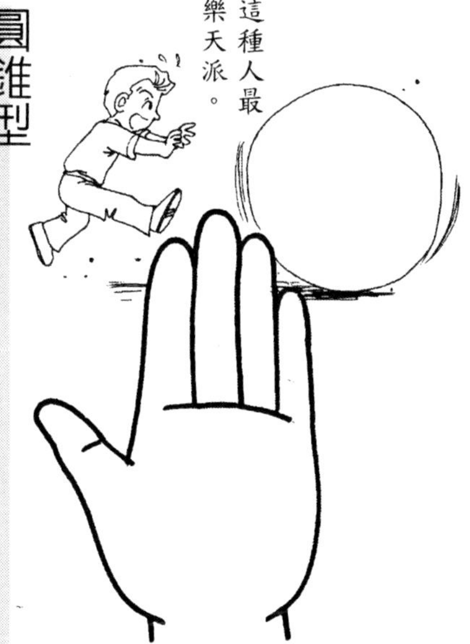


## 圓錐型

（優點）指尖和手掌都是圓圓的，這種人最樂天派，「天跌落來也當被襟」，個性爽朗情，朋友眾多，人也相當圓滑。

（缺點）沒有多大理想，處事過分滑頭，給人輕浮的感覺，但由於性格開朗，會創造出很多奇蹟來。

他可以為藝術而犧牲。

## 尖頭型

（優點）十指修長纖瘦和手頭尖的人，是個理想主義者，他可以為藝術而犧牲一切，他的創造力和想像力都比一般人高。外表很瘦弱。至於工作，最好從事藝術創作。

（缺點）由於體能較差，生活圈子很窄，缺乏年青人好動的活力，這方面應多些留意。

這種人淡薄名利，愛思考和追求知識。

## 突節型

（優點）手指關節粗大，手背露筋，而指根部分瘦且窄，手指合併後見到三個小孔，此乃掌窿掌，錢會漏走不聚財。其實這種人淡薄名利，愛思考和追求知識，因此錢財對他來說是次要的。他是個哲學家、知識份子。

（缺點）常因想得太多，而變得優劣寡斷，也容易固執己見，生活很多時會處困境之中。

## 杓型

（優點）這種手型並不多見，最特別的地方便是指頭形狀好像一隻湯匙，指頭特別發達，他充滿自信、野心大理想高、幹勁沖天，且有打不死的精神，不怕失敗。

（缺點）喜攻不喜守，忍耐力不夠，性格狂放，容易樹立敵人。

## 混合型

（優點）多才多藝，反應奇快，因為他十隻手指均長有不同的指型，因此也有著各種不同的性格。有小聰明，不會墨守成規。

（缺點）性格不定，心意常轉，思想有時十分之混亂，內心常處於交戰狀態，多數變成週身刀無張利。

## 原始型

（優點）手指粗硬，皮厚肉實，是個老粗，大多數從事體力勞動，這種人身體強壯如牛，性格率直而又胸無城府。

（缺點）缺乏創造力和美感，思考能力不高。

# 尖頭型配尖頭型的投緣性

優劣

上吉 吉 平 下 下下

在漫長的婚姻生活中，難免會引起波折，所以除非生活態度堅定，否則可能會落得不好的結局。

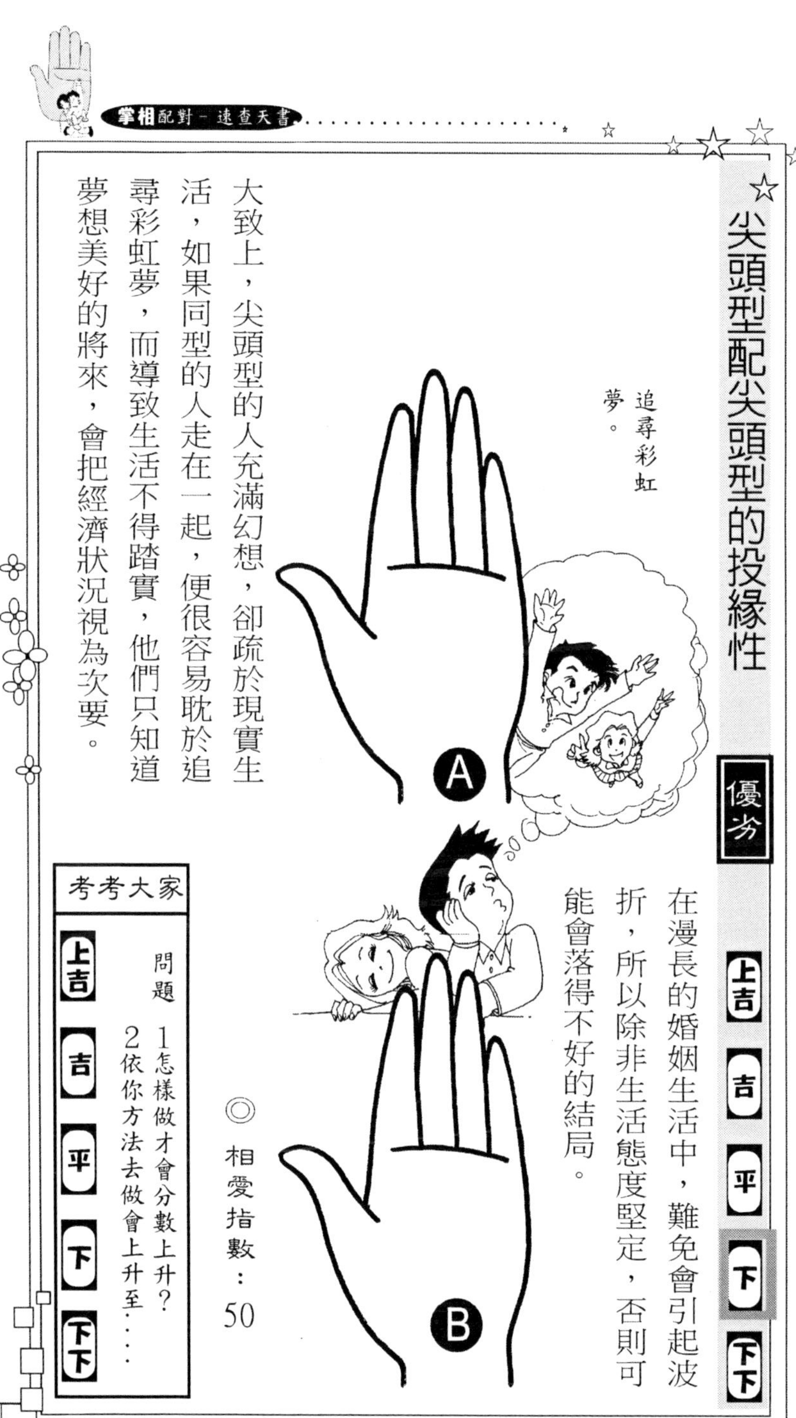


◎相愛指數：50

大致上，尖頭型的人充滿幻想，卻疏於現實生活，如果同型的人走在一起，便很容易耽於追尋彩虹夢，而導致生活不得踏實，他們只知道夢想美好的將來，會把經濟狀況視為次要。

考考大家

問題 1怎樣做才會分數上升？
2依你方法去做會上升至……

上吉 吉 平 下 下下

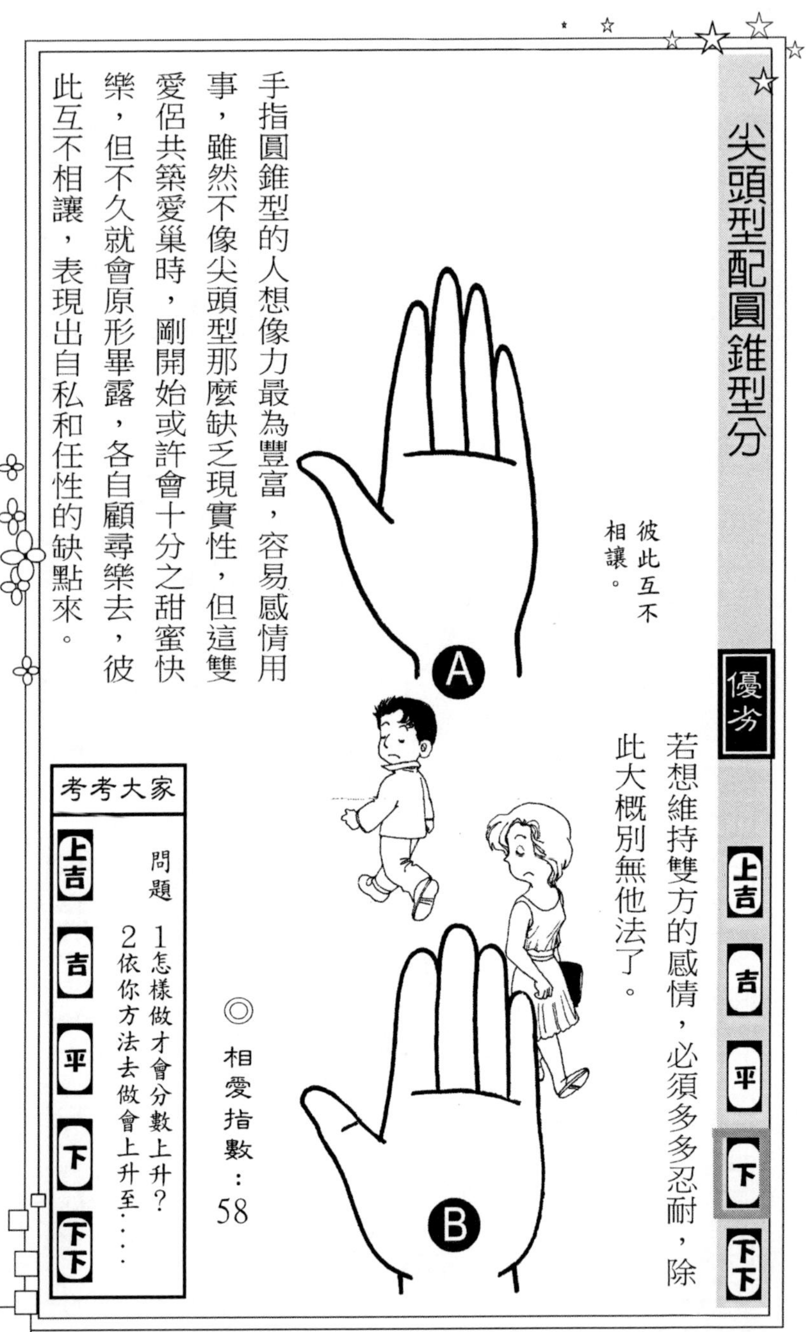

# 尖頭型配圓錐型分

彼此互不相讓。

優劣

上吉　吉　平　**下**　下下

若想維持雙方的感情，必須多多忍耐，除此大概別無他法了。

手指圓錐型的人想像力最為豐富，容易感情用事，雖然不像尖頭型那麼缺乏現實性，但這雙愛侶共築愛巢時，剛開始或許會十分之甜蜜快樂，但不久就會原形畢露，各自顧尋樂去，彼此互不相讓，表現出自私和任性的缺點來。

◎相愛指數：58

考考大家

問題
1怎樣做才會分數上升？
2依你方法去做會上升至‥‥‥

上吉　吉　平　下　下下

# 由尖頭型配突節型

於突節型是和尖頭型的人一樣，同是喜愛追求理夢，不過前者來得比較理性化，做事也較合情合理。

一對配偶若有以上一種配合，講起美夢和理想是一致的。但為了要滿足尖頭型的虛榮心。突節型的人便需要很好的理財能力才行，但若相反，他是個不善把握金錢的人，因此而天天吵鬧不休。在互相不滿的情形下，又怎能相處下去。

到頭來可能發展至悲劇收場，因此雙方也要改過自己的性格弱點，才能夠長相廝守。

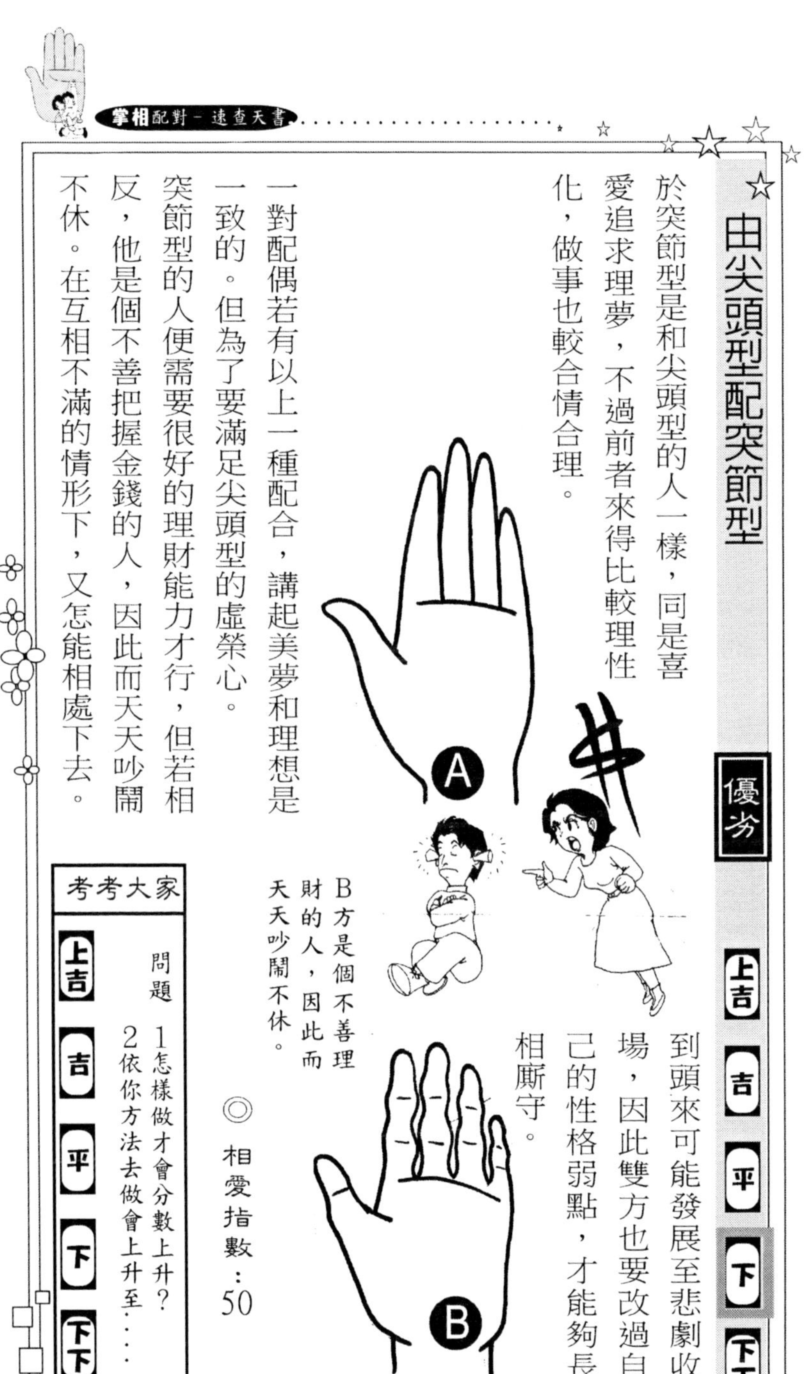


B方是個不善理財的人，因此而天天吵鬧不休。

◎相愛指數：50

考考大家

問題
1怎樣做才會分數上升？
2依你方法去做會上升至．．．．

上吉
吉
平
下
下下

## 尖頭型配杓型

優劣

上吉 吉 平 下 下下

所以雙方的關鍵在於尖頭型女性方面是否能接受對方的意見，讓生活踏實一點，但如果尖頭型手是屬於男方的話，這種關係便不能成立了。

杓型指的人很有構想力，做事腳踏實地，尖頭型的人則從理想之中滲入一點夢幻，如果男性杓型，便可對沉醉於夢境裡的尖頭型產生正面的力量，並努力助她脫離夢境。

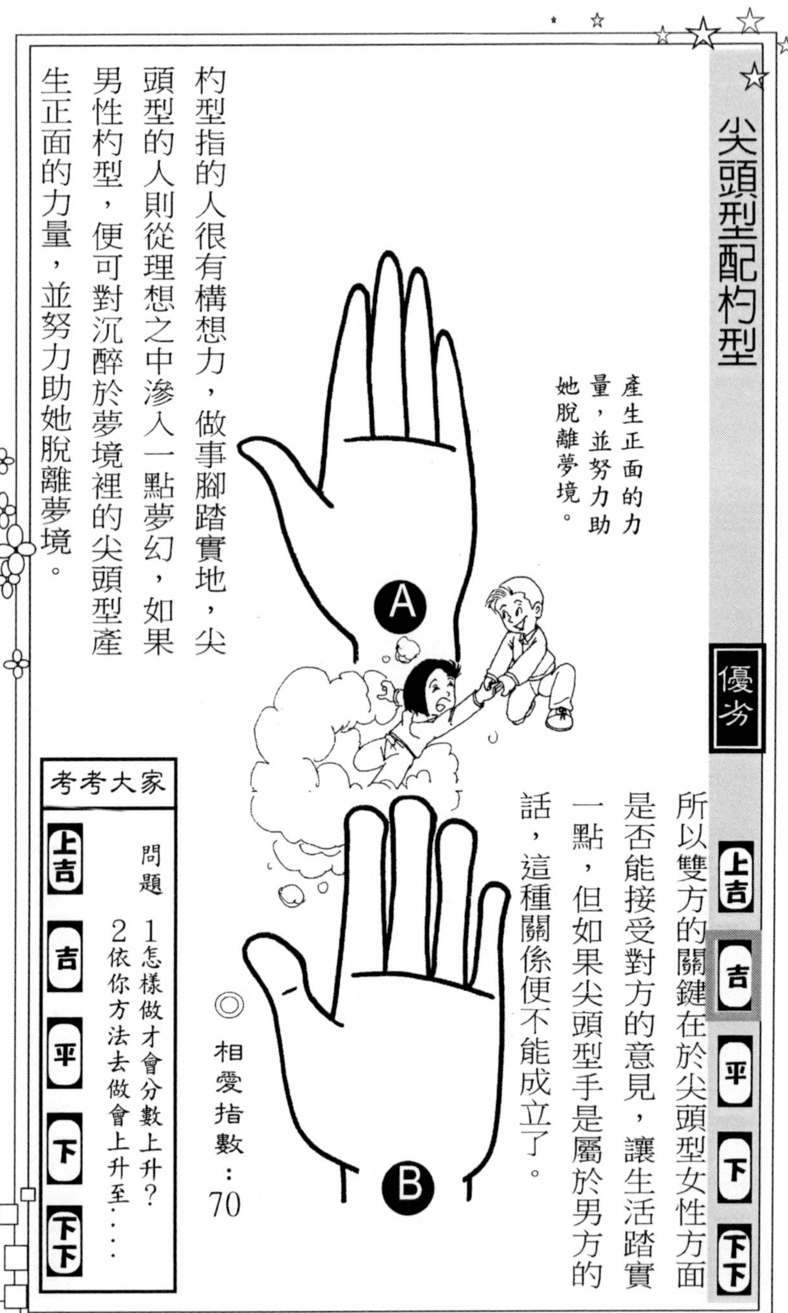


考考大家

問題
1怎樣做才會分數上升？
2依你方法去做會上升至……

上吉 吉 平 下 下下

# 尖頭型配四方型

優劣

上吉　吉　**平**　下　下下

屬於方型手的男方，只要能夠尊重妻子，一切倒也沒問題，所謂百忍成金。

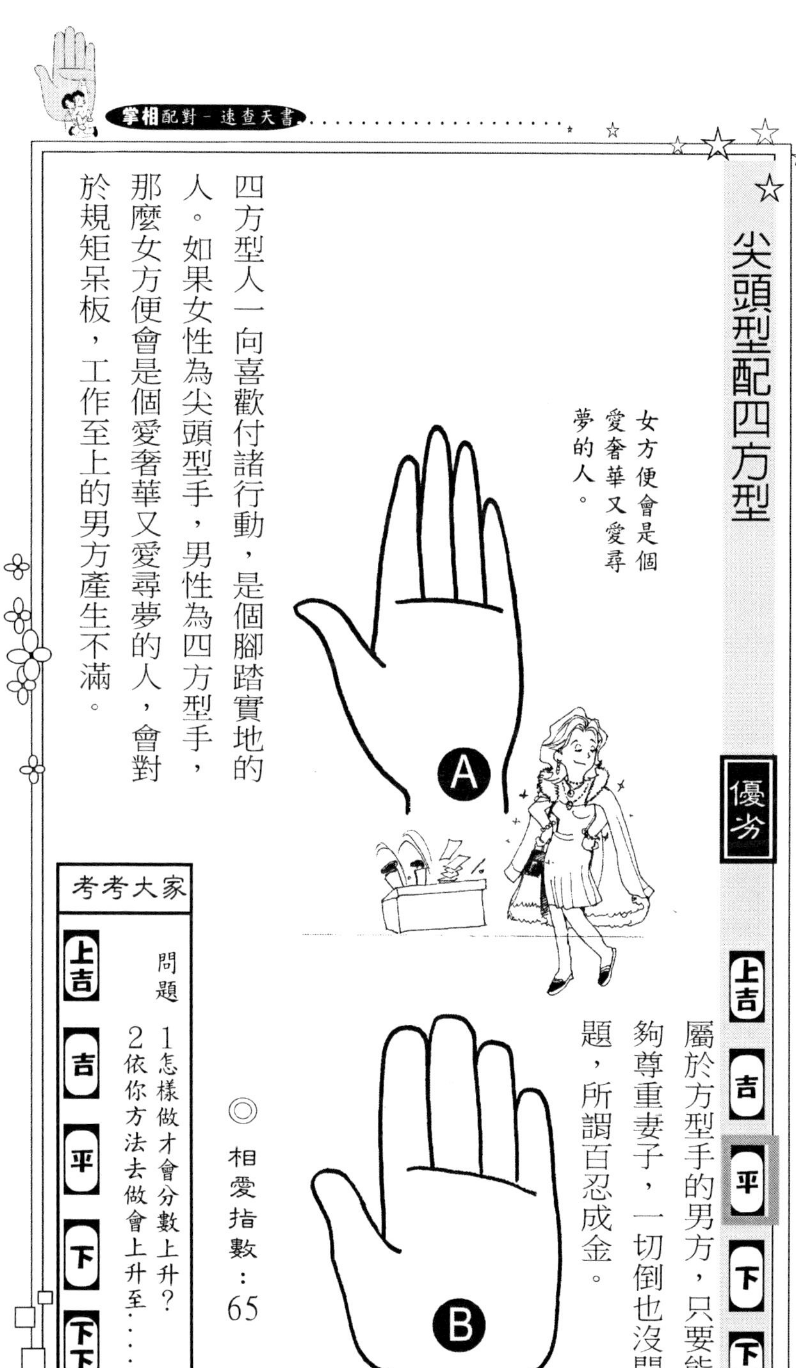


四方型人一向喜歡付諸行動，是個腳踏實地的人。如果女性為尖頭型手，男性為四方型手，那麼女方便會是個愛奢華又愛尋夢的人，會對於規矩呆板，工作至上的男方產生不滿。

◎相愛指數：65

**考考大家**

問題

1怎樣做才會分數上升？

2依你方法去做會上升至……

上吉　吉　平　下　下下

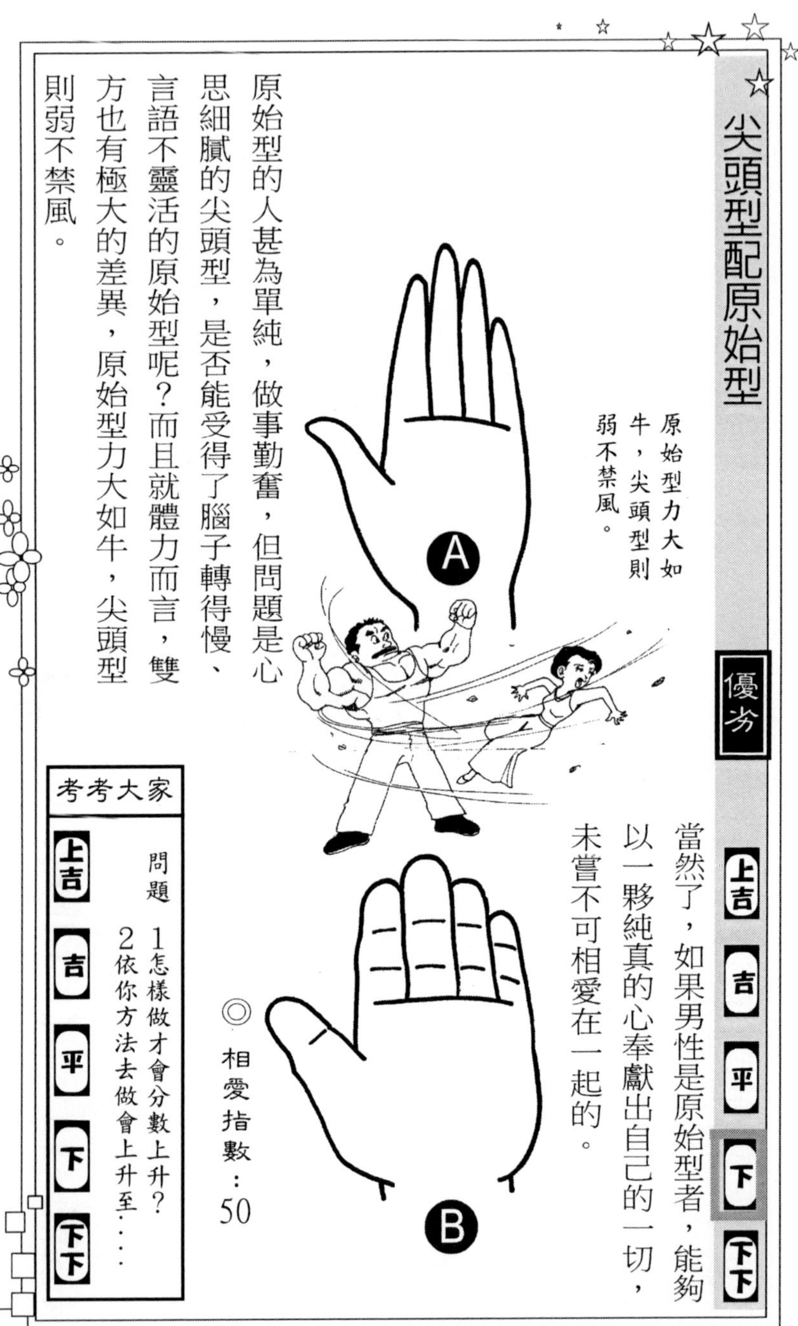


# 尖頭型配原始型

優劣

上吉
吉
平
下
下下

當然了，如果男性是原始型者，能夠以一夥純真的心奉獻出自己的一切，未嘗不可相愛在一起的。

原始型力大如牛，尖頭型則弱不禁風。

原始型的人甚為單純，做事勤奮，但問題是心思細膩的尖頭型，是否能受得了腦子轉得慢、言語不靈活的原始型呢？而且就體力而言，雙方也有極大的差異，原始型力大如牛，尖頭型則弱不禁風。

◎相愛指數：50

考考大家

問題
1怎樣做才會分數上升？
2依你方法去做會上升至‥‥

上吉
吉
平
下
下下

# 尖頭型配混合型

優劣

上吉 吉 平 下 下下

雙方對於家庭都沒有甚麼向心力，無法踏實地過現實生活，所以關係可能搞得一團糟。

尖頭型的人善社交，講派頭、比混合型的人較有彈性，也善於交際，兩者相加在一起時，在外表看來一切順利，沒有問題，但⋯⋯。

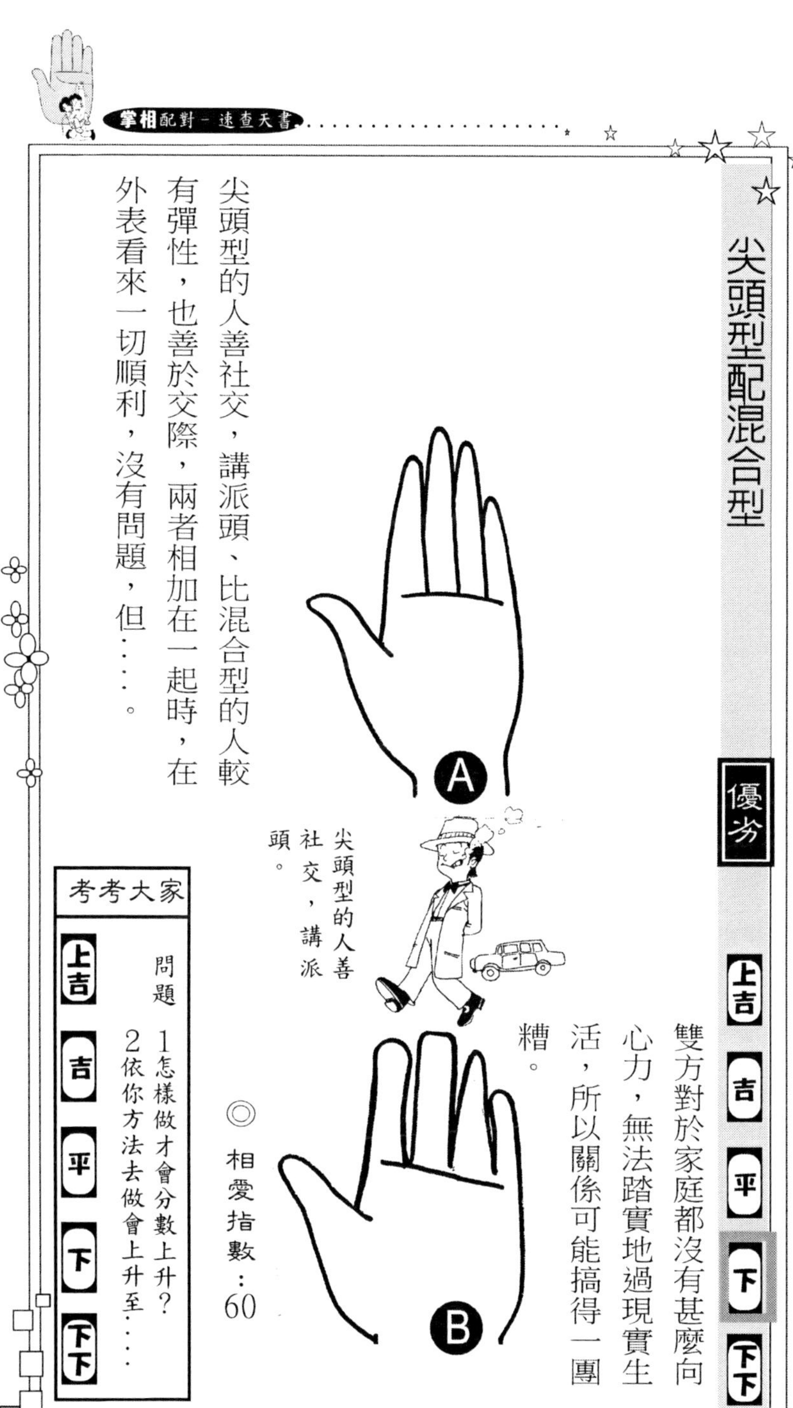


◎相愛指數：60

考考大家

問題
1怎樣做才會分數上升？
2依你方法去做會上升至⋯⋯

上吉 吉 平 下 下下

# 圓錐型配圓錐型

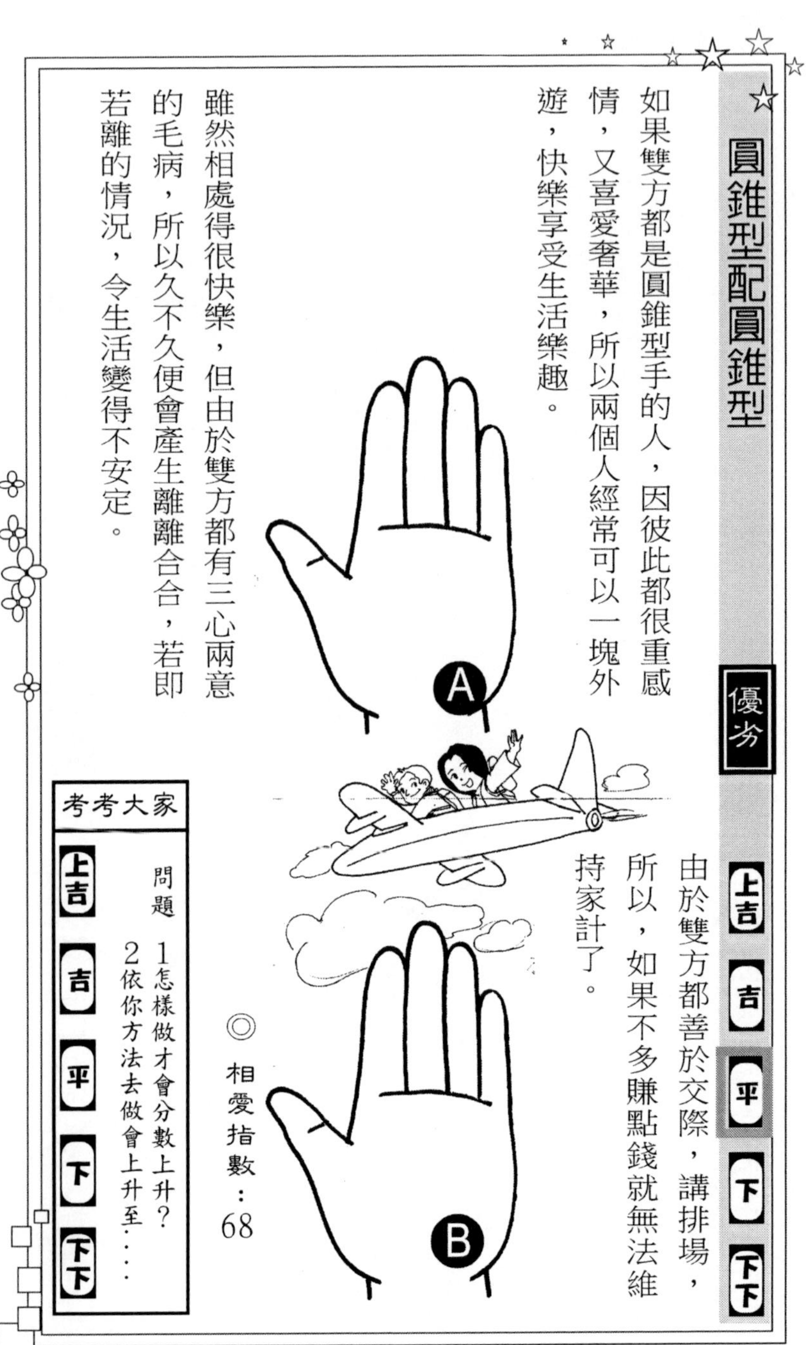


如果雙方都是圓錐型手的人，因彼此都很重感情，又喜愛奢華，所以兩個人經常可以一塊外遊，快樂享受生活樂趣。

雖然相處得很快樂，但由於雙方都有三心兩意的毛病，所以久不久便會產生離離合合，若即若離的情況，令生活變得不安定。

**優劣**

由於雙方都善於交際，講排場，所以，如果不多賺點錢就無法維持家計了。

上吉　吉　**平**　下　下下

◎相愛指數：68

**考考大家**

上吉　吉　平　下　下下

問題
1怎樣做才會分數上升？
2依你方法去做會上升至……

# 圓錐型配突節型

優劣

上吉 吉 平 下 下下

如果男性為突節型，只要能夠忍受女方樂天、甚至有些沒分寸的作風，並以她的開朗個性來彌補自己那種不樂觀的性格，那一定可以相處得更愉快，但經濟方面卻不見得好。

◎相愛指數：78

圓錐型的人個性開朗，很容易三心兩意，而突節型者則只滿口長篇大論，又有潔癖，所以如能互相取長補短倒可以維持良好的關係。

考考大家

問題

1 怎樣做才會分數上升？
2 依你方法去做會上升至．．．．

上吉 吉 平 下 下下

# 圓錐型配杓型

優劣

杓型的人是有進取心的實行家，很討厭受制於人，做人單純，有時還顯得有些魯莽，只要圓錐型的人好好與杓型人相處，利用本身的種種開朗、溫柔和善社交等優點來填補對方的缺點，必定會是很協調的一對。

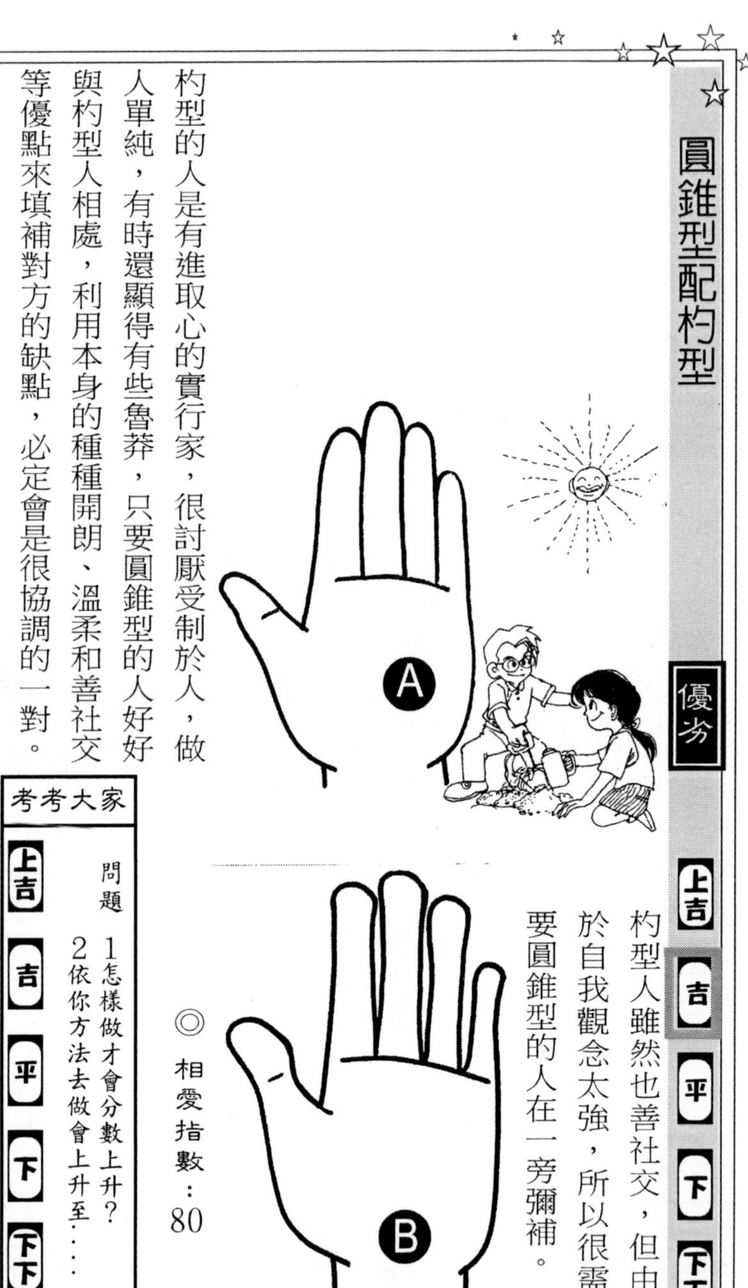


上吉 吉 平 下 下下

杓型人雖然也善社交，但由於自我觀念太強，所以很需要圓錐型的人在一旁彌補。

◎相愛指數：80

**考考大家**

問題
1怎樣做才會分數上升？
2依你方法去做會上升至‥‥

上吉 吉 平 下 下下

# 圓錐型配四方型

優劣

上吉　吉　平　下　下下

如果女性是四方型，便可多發揮賢內助之功了，讓本來有點三心兩意和任性丈夫勤力工作。此外她不僅能做家務，又懂得相夫教子，所以是很好的家庭主婦。

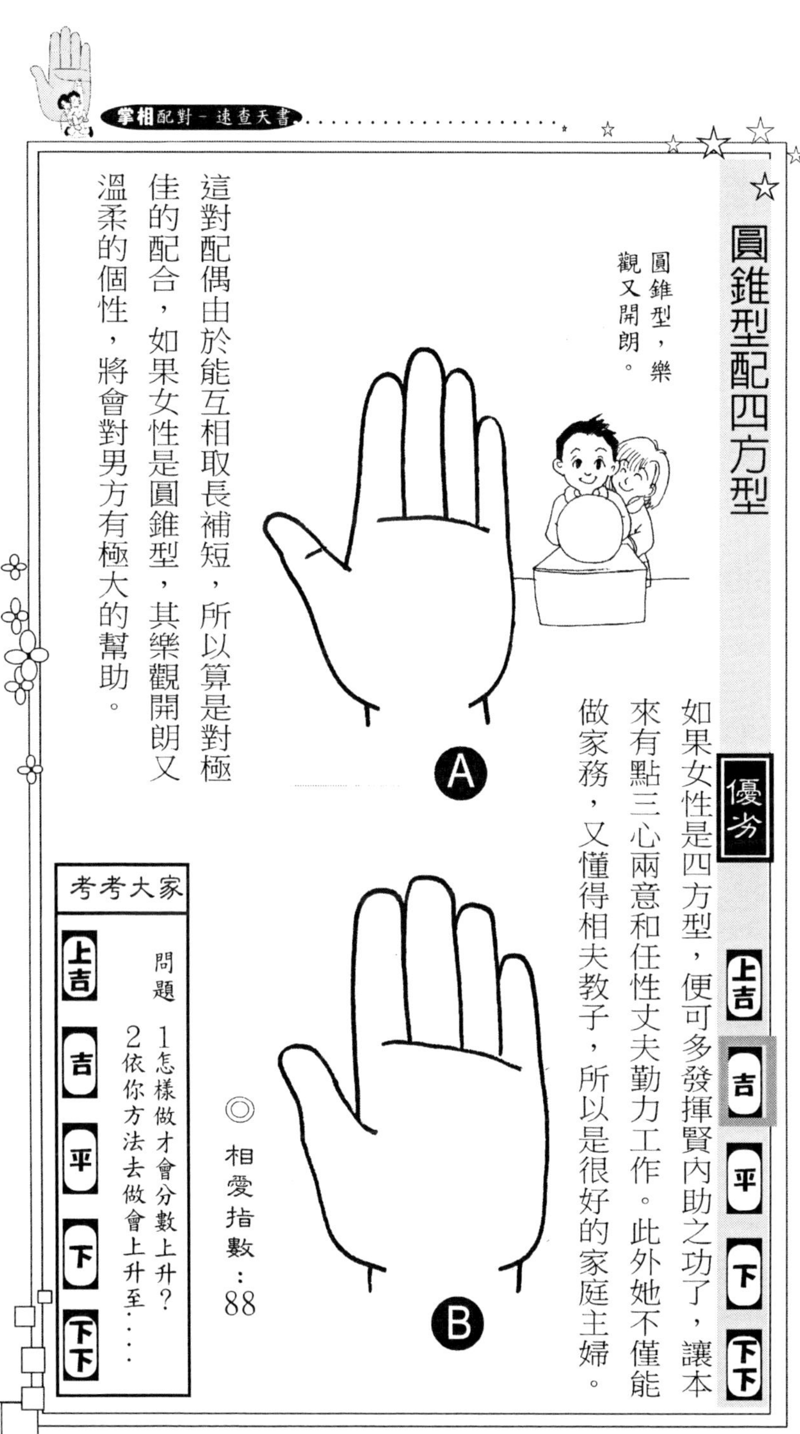


這對配偶由於能互相取長補短，所以算是對極佳的配合，如果女性是圓錐型，其樂觀開朗又溫柔的個性，將會對男方有極大的幫助。

◎相愛指數：88

**考考大家**

問題

1怎樣做才會分數上升？

2依你方法去做會上升至⋯⋯

上吉　吉　平　下　下下

# 原始型配圓錐型

優劣

上吉　吉　平　下　下下

但圓錐型與生俱來的開朗性格，原始型人雖然比較遲鈍卻很認真工作和有原則，只要好好配合，必定可以建立圓滿的家庭。

原始型人的思考力比較遲鈍，會令對方生氣。

A

如果圓錐型的一方太任性，或者太喜歡更改計劃，再加上原始型的一方思考力比較遲鈍，將會引致很不利的結果。

B

◎相愛指數：80

考考大家

上吉　吉　平　下　下下

問題

1怎樣做才會分數上升？

2依你方法去做會上升至……

# 原始型配混合型

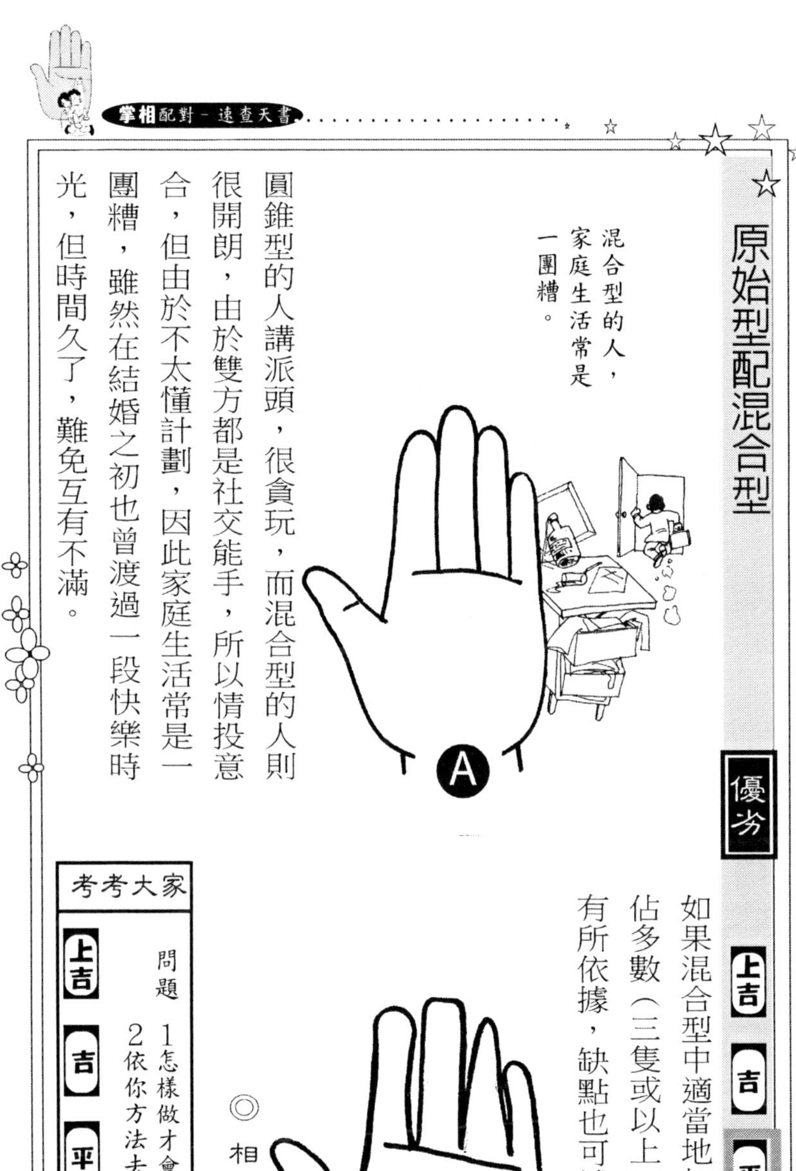

混合型的人，家庭生活常是一團糟。
A
B


圓錐型的人講派頭，很貪玩，而混合型的人則很開朗，由於雙方都是社交能手，所以情投意合，但由於不太懂計劃，因此家庭生活常是一團糟，雖然在結婚之初也曾渡過一段快樂時光，但時間久了，難免互有不滿。

優劣

上吉 吉 平 下 下下

如果混合型中適當地加入四方型，且佔多數（三隻或以上），便可使性格有所依據，缺點也可補救過來。

◎相愛指數：65

考考大家

問題

1怎樣做才會分數上升？

2依你方法去做會上升至⋯⋯

上吉 吉 平 下 下下

# 突節型配突節型

優劣

上吉 吉 平 下 下下

家庭生活是現實的，若不好好計劃就一定吃西北風了，要是男方有一個固定的職業，那便另當別論，尤其以越專業的工作便越好，甚麼經濟問題都可以迎刃而解。

家計開支令他頭痛不已。

A

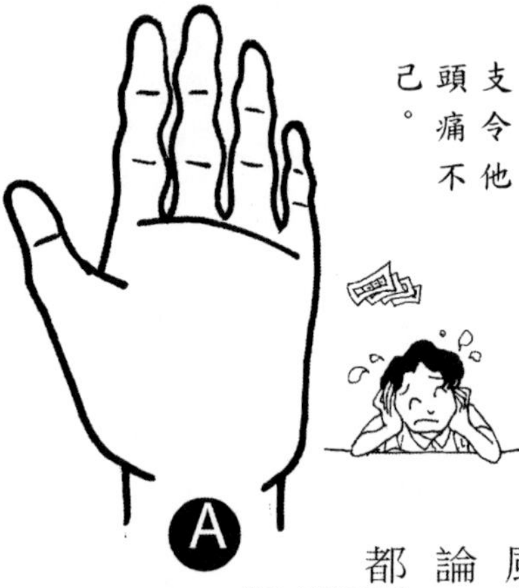

大致上，突節型的人屬於理想派，所以交往的雙方很能就自己的理想與對方溝通，但卻一點也不關心經濟方面的問題，家計開支令他頭痛不已。

B

◎相愛指數：60

考考大家

上吉 吉 平 下 下下

問題
1怎樣做才會分數上升？
2依你方法去做會上升至⋯⋯

# 突節型配杓型

優劣

上吉 吉 平 下 下下

突節型的人是理想派，杓型的人則以革新為要，心能細膩的突節型，對一味工作，埋首於研究的對方，必會漸生不滿，就算開始時能了解，日子一久，必然會覺得自己受到冷落。

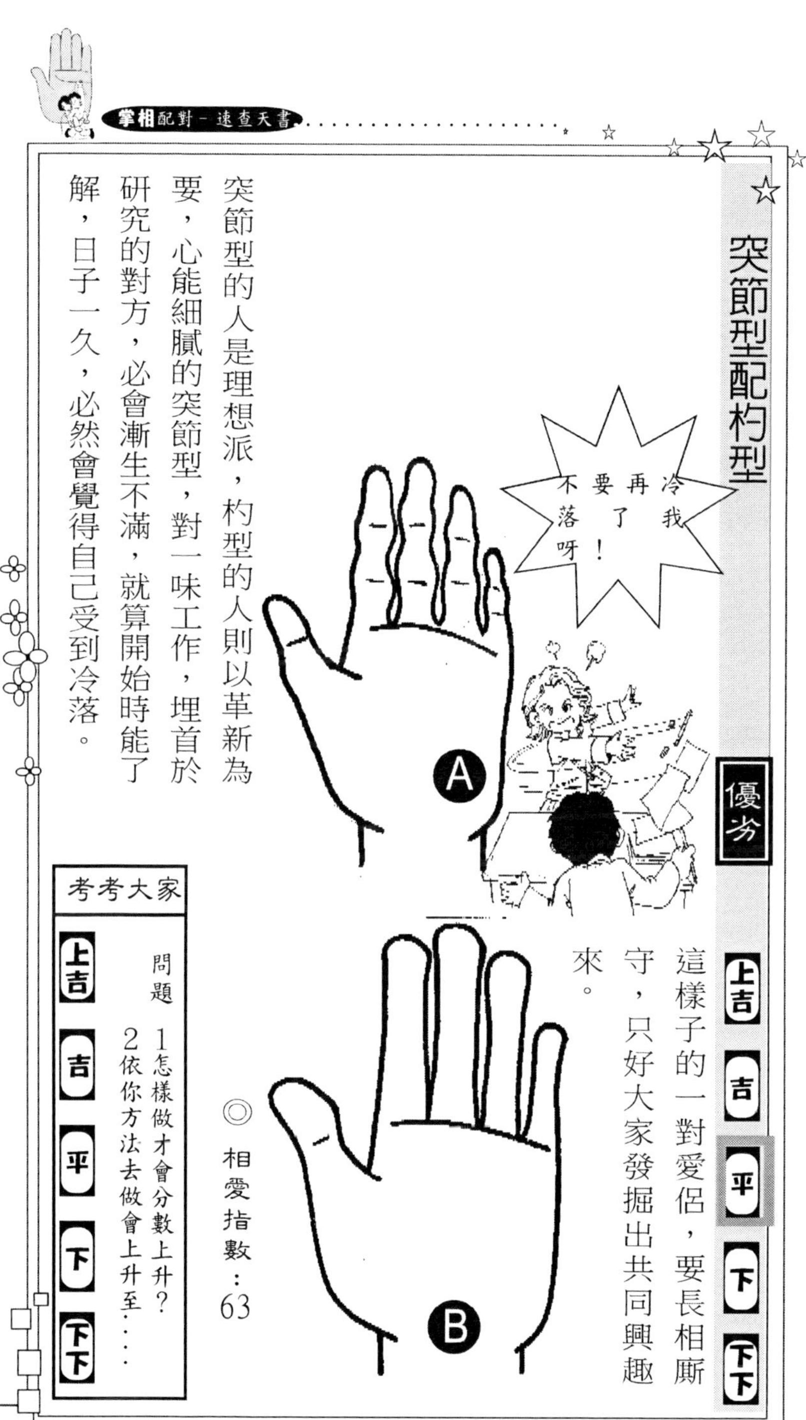


這樣子的一對愛侶，要長相廝守，只好大家發掘出共同興趣來。

◎相愛指數：63

考考大家

上吉 吉 平 下 下下

問題
1怎樣做才會分數上升？
2依你方法去做會上升至．．．．

# 突節配四方型

優劣

上吉　吉　平　下　下下

如果女方為突節型，便需要多點壓制自己的脾氣，只要了解對方是個現實主義者，便不會產生磨擦了。

突節型是很有進取心的實行家，四方型則是現實主義者，所以雙方性格很類似，如果男方為突節型，可能對賺錢不太在行，但只要四方手型的女方多費點心思，家計還是可以維持得不錯的。

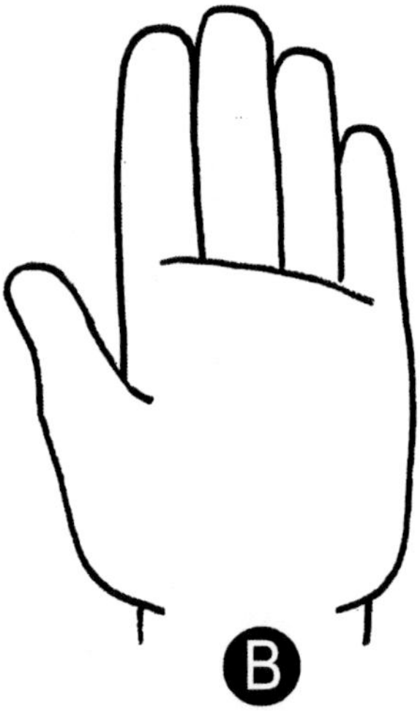

A

B

◎相愛指數：70

考考大家

上吉　吉　平　下　下下

問題
1怎樣做才會分數上升？
2依你方法去做會上升至⋯⋯

# 突節型配原始型

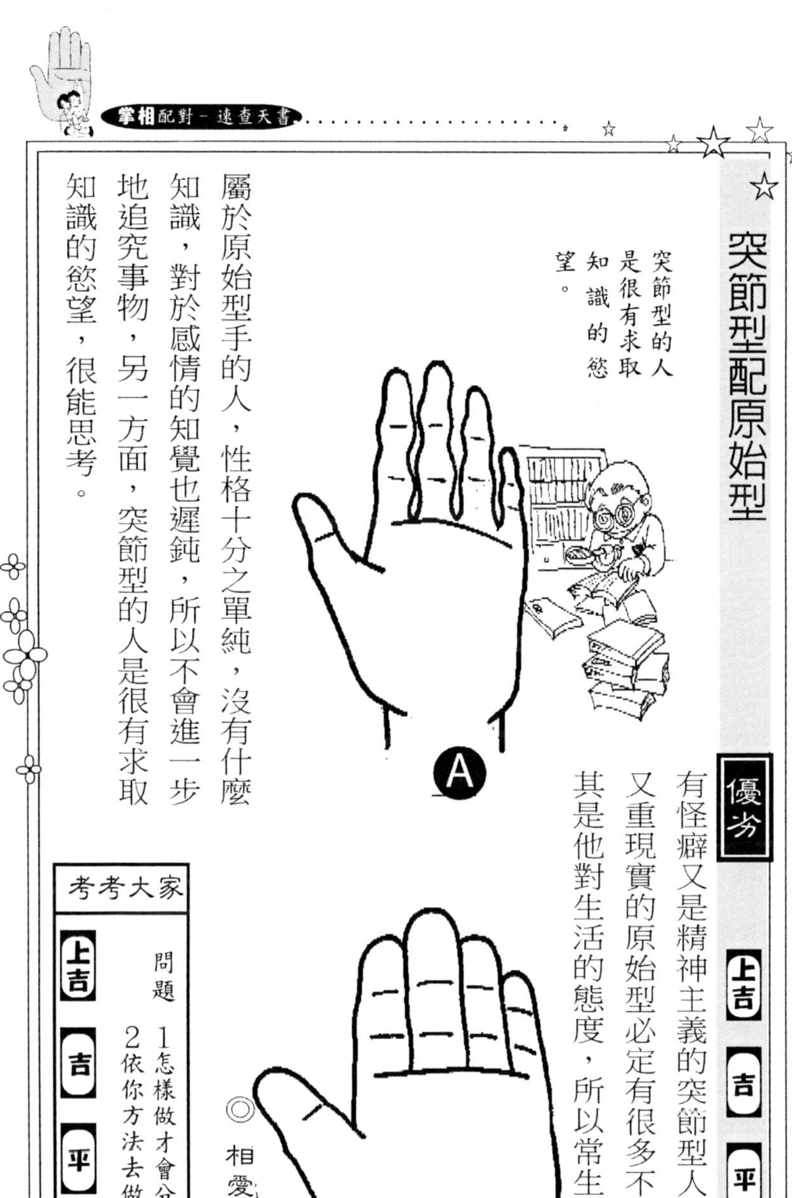


突節型的人是很有求取知識的慾望。

**優劣**

上吉　吉　平　**下**　下下

有怪癖又是精神主義的突節型人，對於單純而又重現實的原始型必定有很多不滿的地方，尤其是他對生活的態度，所以常生磨擦。

◎相愛指數：50

屬於原始型手的人，性格十分之單純，沒有什麼知識，對於感情的知覺也遲鈍，所以不會進一步地追究事物，另一方面，突節型的人是很有求取知識的慾望，很能思考。

**考考大家**

問題

1怎樣做才會分數上升？

2依你方法去做會上升至……

上吉　吉　平　下　下下

# 突節型配合型

優劣

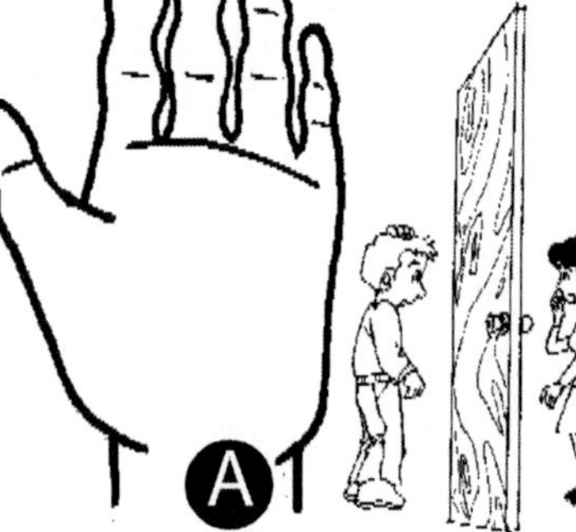


突節型的人崇尚理想，永遠將精神生活放在第一位，而混合型人則是各種手型混在一起，很會交際。崇尚精神的突節型，對八面玲瓏，甚至有點輕浮的混合型者，難免有些抱怨。此外雙方情感的表達方式，也顯得格格不入和互感不滿。

上吉　吉　**平**　下　下下

混合型手型的人性格雖然不好，但只要手指是圓錐型佔多數的話，情況可有些改善。

◎相愛指數：58

考考大家

上吉　吉　平　下　下下

問題

1怎樣做才會分數上升？

2依你方法去做會上升至⋯⋯

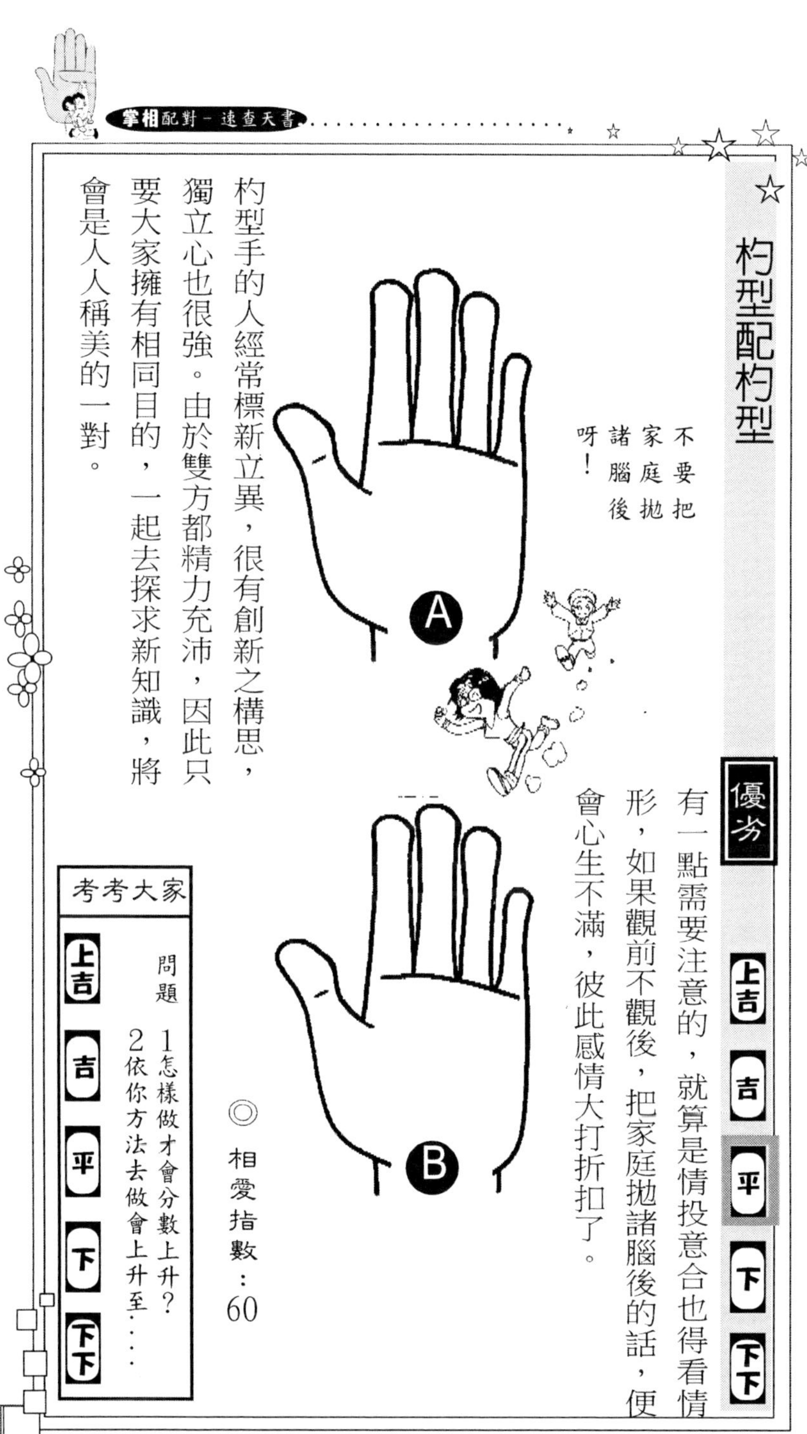


# 杓型配杓型

上吉　吉　平　下　下下

**優劣**

有一點需要注意的，就算是情投意合也得看情形，如果觀前不觀後，把家庭拋諸腦後的話，便會心生不滿，彼此感情大打折扣了。

杓型手的人經常標新立異，很有創新之構思，獨立心也很強。由於雙方都精力充沛，因此只要大家擁有相同目的，一起去探求新知識，將會是人人稱美的一對。

◎相愛指數：60

**考考大家**

問題

1怎樣做才會分數上升？

2依你方法去做會上升至‥‥

上吉　吉　平　下　下下

# 杓型配四方型

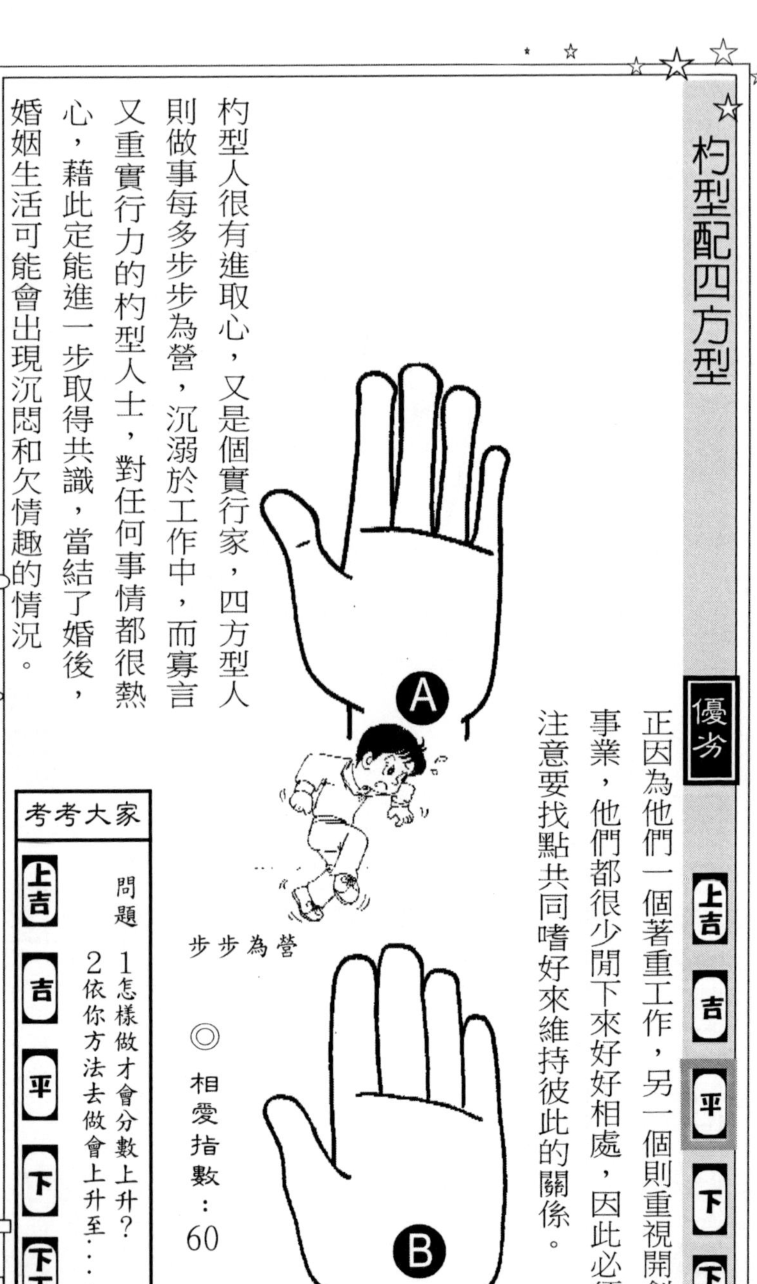


步步為營

**優劣**

正因為他們一個著重工作，另一個則重視開創事業，他們都很少閒下來好好相處，因此必須注意要找點共同嗜好來維持彼此的關係。

上吉　吉　**平**　下　下下

杓型人很有進取心，又是個實行家，四方型人則做事每多步步為營，沉溺於工作中，而寡言又重實行力的杓型人士，對任何事情都很熱心，藉此定能進一步取得共識，當結了婚後，婚姻生活可能會出現沉悶和欠情趣的情況。

◎ 相愛指數：60

**考考大家**

問題

1 怎樣做才會分數上升？

2 依你方法去做會上升至……

上吉　吉　平　下　下下

# 杓型配原始型

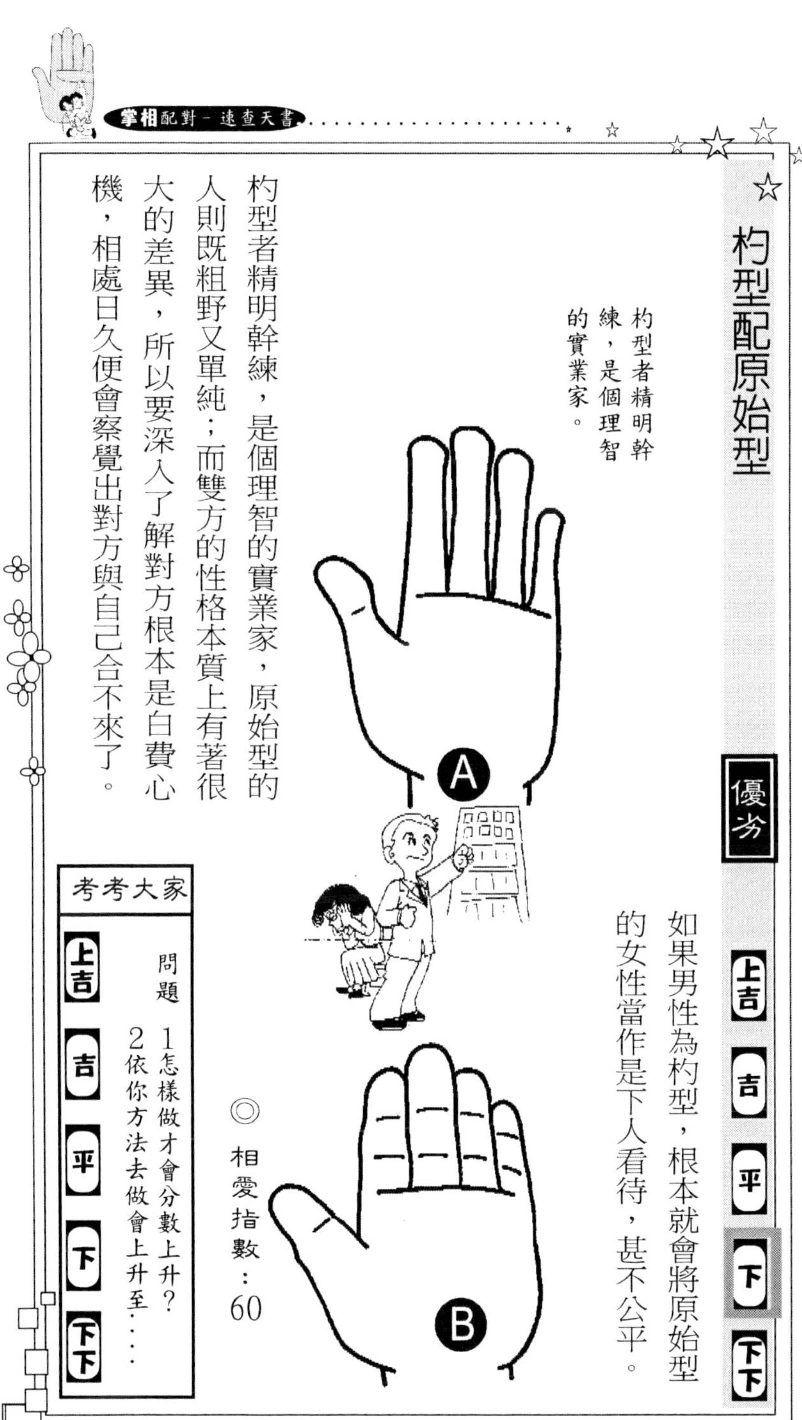


杓型者精明幹練，是個理智的實業家。

**優劣**

上吉　吉　**下**　平　下下

（上吉／吉／平／下／下下，標示為：下）

如果男性為杓型，根本就會將原始型的女性當作是下人看待，甚不公平。

◎相愛指數：60

杓型者精明幹練，是個理智的實業家，原始型的人則既粗野又單純；而雙方的性格本質上有著很大的差異，所以要深入了解對方根本是白費心機，相處日久便會察覺出對方與自己合不來了。

**考考大家**

問題

1怎樣做才會分數上升？

2依你方法去做會上升至……

上吉　吉　平　下　下下

# 杓型配混合型

**優劣**

上吉　吉　**平**　下　下下

若是配混合型掌的人，手指中以圓錐型佔多數，一切將會圓滿得多。

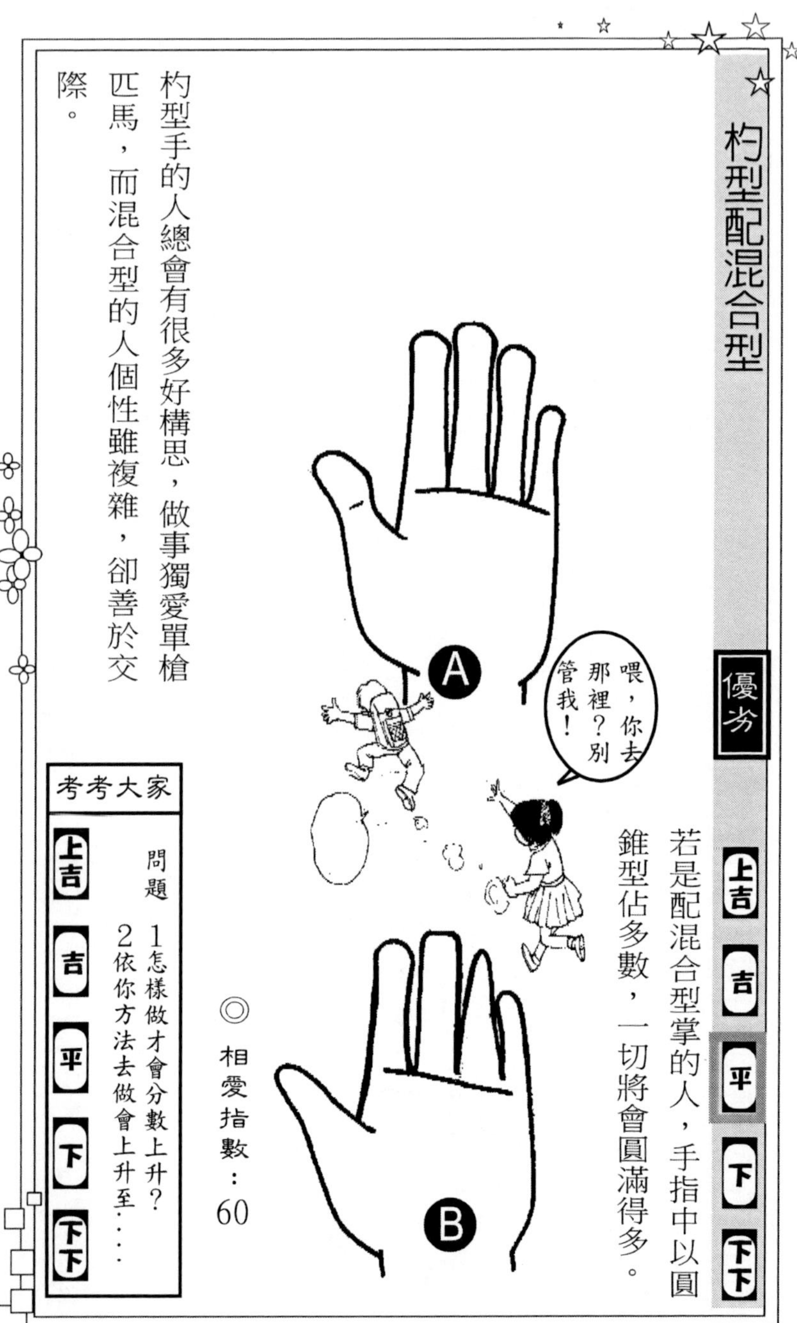


◎相愛指數：60

杓型手的人總會有很多好構思，做事獨愛單槍匹馬，而混合型的人個性雖複雜，卻善於交際。

**考考大家**

問題

1怎樣做才會分數上升？

2依你方法去做會上升至……

上吉　吉　平　下　下下

# 四方型配四方型

**優劣**

上吉　**吉**　平　下　下下

對於他們而言，深切的了解是非常重要的，所以應多花點時間，藉著彼此的認同感來維護愛情。

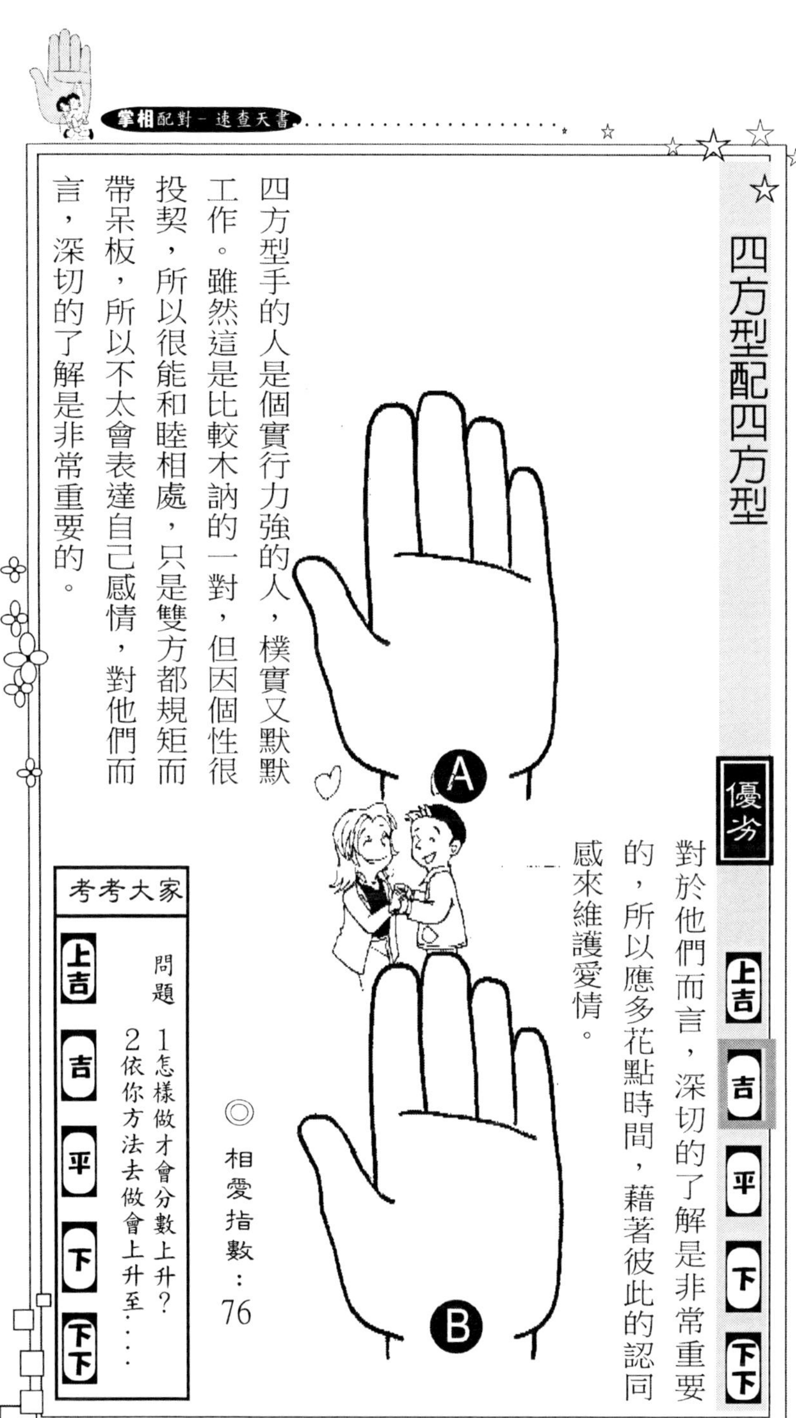


四方型手的人是個實行力強的人，樸實又默默工作。雖然這是比較木訥的一對，但因個性很投契，所以很能和睦相處，只是雙方都規矩而帶呆板，所以不太會表達自己感情，對他們而言，深切的了解是非常重要的。

◎相愛指數：76

**考考大家**

問題
1怎樣做才會分數上升？
2依你方法去做會上升至‥‥

上吉　吉　平　下　下下

# 四方型配原始型

優劣

上吉　吉　**平**　下　下下

這對愛侶性格相似是沒有疑問的，只是夫妻生活日久難免會起爭執，因此須互相禮讓才對。

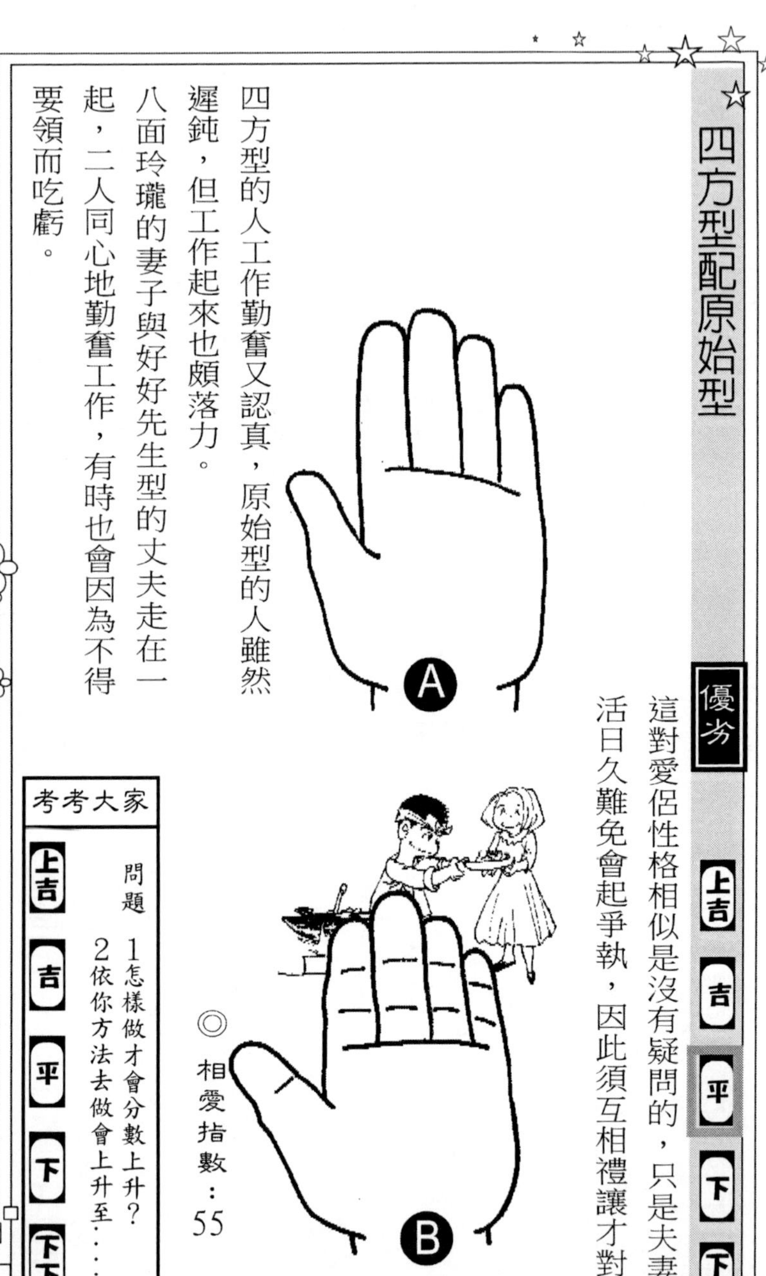


四方型的人工作勤奮又認真，原始型的人雖然遲鈍，但工作起來也頗落力。八面玲瓏的妻子與好好先生型的丈夫走在一起，二人同心地勤奮工作，有時也會因為不得要領而吃虧。

◎相愛指數：55

**考考大家**

問題

1怎樣做才會分數上升？

2依你方法去做會上升至‥‥

上吉　吉　平　下　下下

# 原始型配混合型

原始型的人不善修飾，只知一味地工作，而混合型的人較輕佻，但善交際。如果男方為原始型，女性會愛上他的單純性格，而以自己善於交際的長處來補丈夫的不足，讓家庭開朗，而其丈夫也能快樂工作。

優劣

上吉　吉　平　下　下下

如果女方為原始型，可能因為缺乏幽默感而落得像家傭一般地位低微。

◎相愛指數：70

考考大家

問題　1怎樣做才會分數上升？
2依你方法去做會上升至……

上吉　吉　平　下　下下

# 原始型配原始型

優劣

原始型手的人有耐性，工作也勤奮，從不矯揉造作，雖然他們各方面都很相似，但現實生活對他們而言卻沒有甚麼意義，他們的日子只是吃飽睡睡飽吃，生活方式不單枯燥無味，簡直是乏善可陳到極。男方本能性很強，如果當相方在性方面不能脅調時，他便易於沉醉於酒色，所以，女方身為妻子，應該時刻警醒著自己，注意生活上的情趣，經常一塊出游以保持雙方感情。

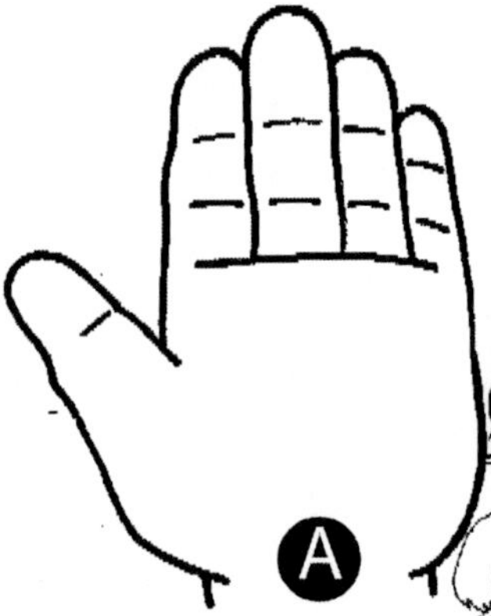

上吉　吉　平　下　下下

A

B

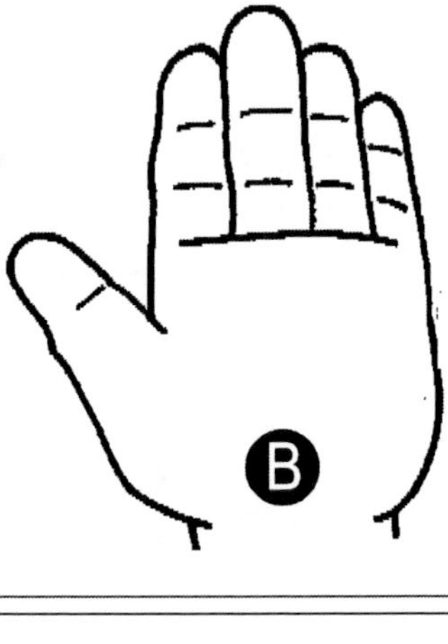

◎相愛指數：55

考考大家

問題
1怎樣做才會分數上升？
2依你方法去做會上升至⋯⋯

上吉　吉　平　下　下下

## 原始型配合混合型

優劣

上吉　吉　平　下　下下

如果女方是原始型的話，可能會因缺乏幽默感和情趣，致令對方不重視她。

◎相愛指數：70

原始型的人不善修飾，只知一味地工作，而混合型的人較輕佻，交際手腕好。如果男方為原始型，女性會愛上他的單純性格，而以自己善交際的長處來補丈夫的不足，讓家庭開朗，而令丈夫能快樂地工作。

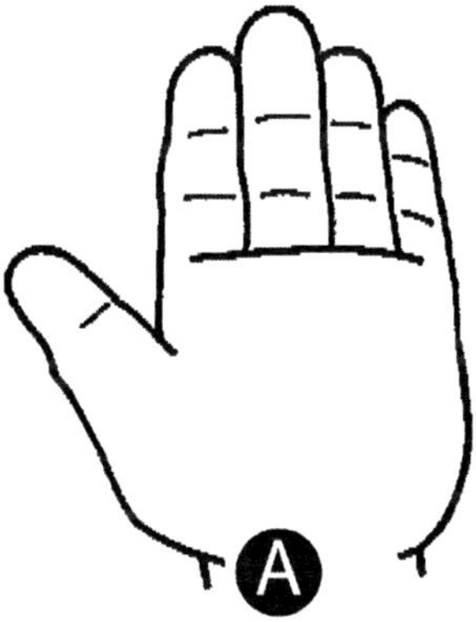

考考大家

問題

1怎樣做才會分數上升？

2依你方法去做會上升至……

上吉　吉　平　下　下下

# 混合型配混合型

優劣

上吉 吉 平 下 下下

混合型手的人是個社交家，喜歡外出，但不能安定下來。如果雙方都是混合型手相者，可能各走各的路而無法維持家庭的穩定了。

在男性方面，雖然做事面面俱圓，常給老板器重，但因為他缺乏領導力和專一的心，因此經常因轉工而令財運不通。

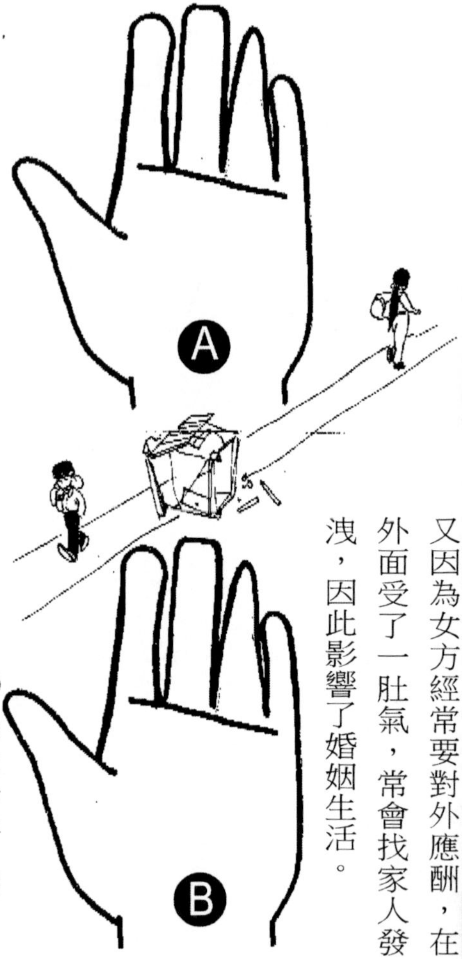

又因為女方經常要對外應酬，在外面受了一肚氣，常會找家人發洩，因此影響了婚姻生活。

◎相愛指數：50

考考大家

上吉 吉 平 下 下下

問題 1怎樣做才會分數上升？
2依你方法去做會上升至．．．．

# 心田書目

| 書名 | 系列 | 書號 | 定價 |
|---|---|---|---|
| 掌相配對－速查天書 | 知命識相系列(2) | 9789887715146 | $100.00 |
| 五行增值－子平氣象 | 知命識相系列(9) | 9789887715139 | $120.00 |
| 子平真詮－圖文辨識 | 中國命相學大系：(23) | 9789887715122 | $120.00 |
| 子平百味人生 | 知命識相系列(8) | 9789887715115 | $90.00 |
| 三命通會－女命書 | 命理操作三部曲系列(22) | 9789887715108 | $100.00 |
| 窮通寶鑑 命例拆局 | 命理操作三部曲系列(21) | 9789887715078 | $130.00 |
| 太清神鑑 綜合篇 | 命理操作三部曲系列(20) | 9789887715061 | $120.00 |
| 太清神鑑 五行形相篇 | 命理操作三部曲系列(19) | 9789887715030 | $120.00 |
| 課堂講記 | 命理操作三部曲系列(5) | 9789887715009 | $120.00 |
| 易氏格局精華 | 命理操作三部曲系列(4) | 9789881753755 | $160.00 |
| 五行增值 | 命理操作三部曲系列(3) | 9789881753755 | $100.00 |
| 六神通識 | 命理操作三部曲系列(2) | 9789889952679 | $90.00 |
| 八字基因升級版 | 命理操作三部曲系列(1) | 9789881687807 | $130.00 |
| 神相金較剪(珍藏版) | 中國命相學大系(1) | 988987783X | $160.00 |
| 人倫大統賦 | 中國命相學大系(4) | 9789889952600 | $70.00 |
| 八字古詩真訣 | 中國命相學大系(5) | 9789889952648 | $100.00 |
| 神相鐵關刀全書全書 | 中國命相學大系(13) | 9789887715054 | $160.00 |
| 滴天髓古今釋法 | 中國命相學大系(8) | 9789881753762 | $100.00 |
| 玉井奧訣古今釋法 | 中國命相學大系(9) | 9789881877017 | $100.00 |
| 世紀風雲命式 | 中國命相學大系(13) | 9789881687715 | $100.00 |
| 滴天髓命例解密 全書 | 中國命相學大系(18) | 9789887715092 | $160.00 |
| 神相麻衣全書 | 中國命相學大系(12) | 9789887715016 | $160.00 |
| 命理約言 | 中國命相學大系(14) | 9789881687772 | $100.00 |
| 心相篇 | 中國命相學大系(15) | 9789881687845 | $100.00 |
| 神相冰鑑 | 中國命相學大系(16) | 9789881687890 | $100.00 |
| 神相照膽經全書 | 中國命相學大系(17) | 9789881687746 | $160.00 |
| 掌相奇趣錄 | 知命識相系列(7) | 9889877864 | $60.00 |
| 命相百達通 | 知命識相系列(6) | 9889877856 | $58.00 |
| 面相玄機 | 知命識相系列(4) | 9789881753731 | $65.00 |
| 面相理財攻略 | 知命識相系列(5) | 9789889952693 | $78.00 |
| 陰間選美 | 末世驚嚇(1) | 9889877872 | $46.00 |
| 聆聽童聲 | 童心系列(1) | 9889877880 | $46.00 |
| 五官大發現(漫畫) | 玄學通識系列(1) | 9889877821 | $38.00 |
| 拆字天機全書 | 玄學通識系列(4) | 9789881877000 | $130.00 |
| 字玄其說 | 玄學通識系列(3) | 9889877899 | $68.00 |
| 玄空六法現代陽宅檢定全書 | 玄空釋法系列(1) | 9789887715085 | $160.00 |
| 風水安樂蝸 | 玄空釋法系列(2) | 9789881687869 | $88.00 |
| 八字財經 | 玄空通識系列(6) | 9789881687838 | $100.00 |
| 玄易師（相神篇） | 心相禪系列(3) | 978988901877055 | $68.00 |
| 子平辯證 | 玄學通識系列(4) | 9789881753779 | $90.00 |

命理操作：五步曲

## 課堂講記

◎三百五十八個非一般命式，當中有多種不同判斷技巧

◎教你追蹤八字透干及藏根，引動之五行六神微妙變化

◎繼承了【滴天髓】的真訣，根源、流住、始終之秘法

◎本套專書為久學八字者而設，是古今命學…增強版

【第五部曲　學成編】

【第四部曲　延續編】

【第三部曲　應用編】

【第二部曲　進階篇】

【第一部曲　初基編】

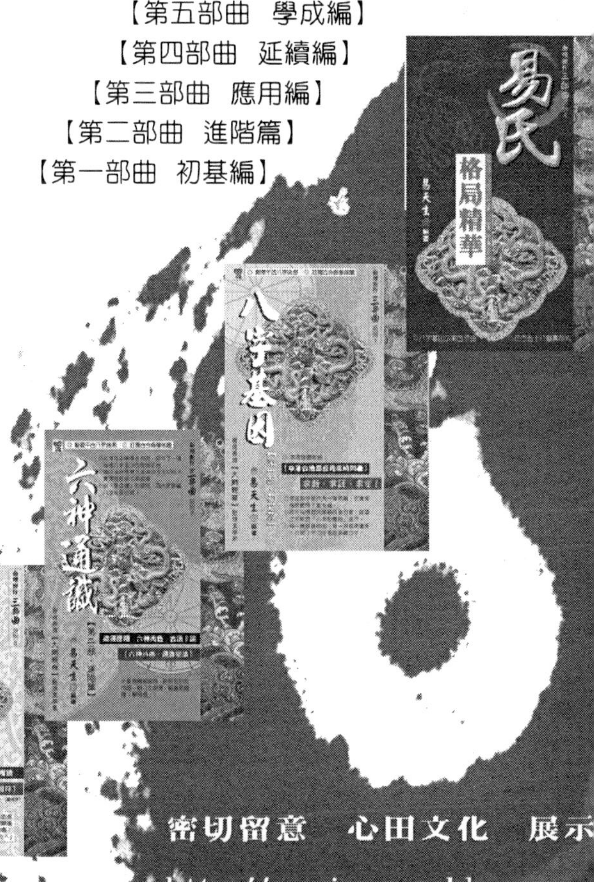

**易天生老師**

第二部闖出國際的作品

**於南韓全國發行**

**心田文化出品**

命相經典！

第一部台灣全國發行：

**神相金較剪**

第二部南韓全國發行：

**五官大發現**

yes24.com/Product/Goods/71833562

易天生老師南韓大丘新書發佈會 活動實錄

2019年遠赴南韓大丘市，最大書店教保文庫，頂層舉行作者簽書會，並與當地讀者作即時交流，解答在場人士的相學問題。

**南韓大丘**
**活動實錄**

轉載自易天生官方網站社交平台：

https://www.facebook.com/yitis55

cebook.com/tcwz55

易天生

好緊張

五官兒子在南韓的...出生

文樂和其他30人　　6則留言

易天生

南韓大邱最大的書店"教保文庫"

新書經已在南韓出版，四月六日星期六，出版社安排了一場活動，在教保文庫舉辦與南韓讀者朋友的見面會。

心情有點緊張。

易天生

教保文庫書店門口

放上了我今天交流活動的宣傳

嘩，嚇我一跳。

文樂和其他30人

易天生

五官的韓文翻譯...申美瑩小姐

我本書國語夾雜廣東話，又多名詞術語，一点也不好翻譯，申小姐可謂勞苦功高。

文琮、Hui Chi Yeung和其他25人　　5則留言

易天生

易天生

在韓國的女讀者

大邱一間很別致的咖啡店
為老板娘簽名留念。

41　　4則留

易天生

分享會正式開始

現場坐滿了來自南韓各方的讀者朋友
感謝白水挽教授為我翻譯
準備了一段的講稿，和拿了一些作品
都展示出來，起初還有点緊張
也漸漸平穩下來

**易天生**

那天讀者會上，還介紹了…

我未來的水墨畫路向，因此那天大家都很捧場購書，心裡十分感謝南韓讀者，和專誠由首爾出版社前來的兩位小姐，一早在書店作妥善安排。

還有白教授和申小姐的幫忙翻譯，才令今次活動得以成功。

**易天生**

活動完畢，為在場的南韓朋友簽名

收到各方面的回响
是次新書發佈會獲得好評和成功。

文燦、Amino Acid和其他122人　32則留言

**易天生**

安排了

因讀者的熱情超了時
立即趕去韓閣充滿園藝特色飯店
餐。

**易天生**

交流會圓滿結束

書店上工作的讀者朋友，帶了太太來捧場，高興又添一位新讀者啊。

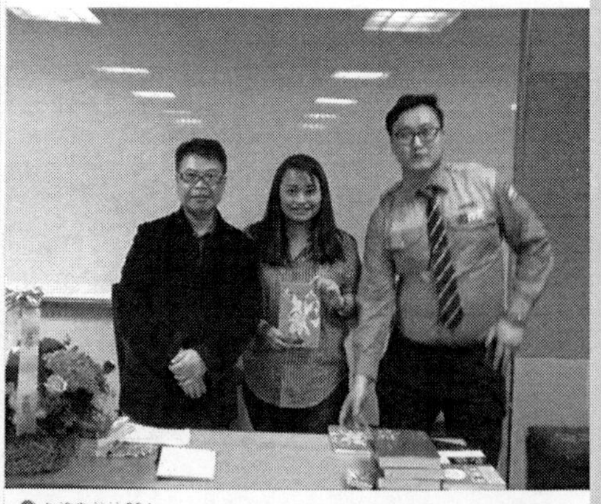

文燦和其他30人

# 神相柳莊

新書起動了！

用了半年有多的時間，做思想準備，

終於開通了思路，密切留意出版日期！

神相柳莊

易天生評註

一部江湖相命書，能令你看懂妻財子祿，富貴權位之吉凶。

- 能與麻衣道者齊名的是柳莊居士。
- 麻衣柳莊，相術流行於世的秘技。
- 本書為你揭露柳莊一派的面相道學。

**神相系列：**

神相金較剪　神相照照經　神相麻衣　神相鐵關刀

神相冰鑑　人倫大統賦　心相篇　太清神鑑　神相柳莊

知命識相系列 2

# 掌相配對－速查天書

作者：易天生
出版：心田文化
封面繪畫：易天生
地址：香港干諾道西135號錦添工業大廈R13室
電話：90534761
電郵地址：tcwz55@yahoo.com.hk
網址：comics.gen.hk/2000b.htm
社交平台：https://www.facebook.com/yitis55
電子書平台：https://pubu.com.tw/store/2742859
美術：樹文
排版：心田文化
印刷制版：卓智數碼印刷有限公司
地址：九龍荔枝角醫局西街1033號源盛工業大廈10樓5室
電話：27863263
發行：香港聯合書刊物流有限公司
地址：香港新界大埔汀麗路36號中華商務印刷大廈地下
電話：23818251
初版日期：二〇〇一年　第二版：二〇〇一年
第三片：二〇一一年　第四片（漫畫新版）二〇二四年二月
定價：HK$一百元

國際書號ISBN：978-988-77151-4-6

良種紙上播
善筆植心田
心田
心田文化